나는

문학으로

생각

한다

그림책과 세계문학
함께 읽고 생각하기

**초판 1쇄 발행** 2016년 4월 1일

**지은이** 조현행, 최혜정

**펴낸이** 강기원
**펴낸곳** 도서출판 이비컴

**편　집** 박진실, 김수미
**표　지** 김수미
**마케팅** 강필중, 박선왜

**주　소** 서울시 동대문구 천호대로81길 23 수하우스 201호
**전　화** 02)2254-0658　**팩　스** 02-2254-0634
**메　일** bookbee@naver.com
**출판등록** 2002년 4월 2일 제6-0596호
**I S B N** 978-89-6245-124-5　03370

ⓒ 조현행 최혜정, 2016

「이 도서의 국립중앙도서관 출판예정도서목록(CIP)은 서지정보유통지원시스템 홈페이지
(http://seoji.nl.go.kr)와 국가자료공동목록시스템(http://www.nl.go.kr/kolisnet)에서
이용하실 수 있습니다.(CIP제어번호: CIP2016007864)」

그림책과 세계문학 함께 읽고 생각하기

# 나는 문학으로 생각한다

조현행·최혜정 지음

이비락 樂

> "우리가 우리 안에 있는 것들 가운데 아주 작은 부분만을
> 경험할 수 있다면, 나머지는 어떻게 되는 걸까?"

소설가 파스칼 메르시어의 『리스본행 야간열차』에 나오는 문장입니다. 이 문장을 읽으면서 우리가 책을 읽는 이유는 어쩌면 이런 '빛나는 한 문장'을 발견하기 위해서가 아닌가라는 생각을 했습니다. 영혼을 뒤흔드는 '한 문장'이면 책을 읽을 만한 충분한 이유가 있다고 말입니다. 이런 문장을 만나면 갑자기 따귀를 맞은 듯 정신이 번쩍 듭니다. 그리고 나를 '후려친 그 한 문장'을 꽤 오래도록 생각하곤 합니다. 하지만 이내 곧 잊어버리고 바쁜 일상으로 돌아오고 맙니다. 삶은 우리가 충분히 생각할 여유를 주지 않으니까요. 하지만 까맣게 잊고 있었던 그 문장이 불현듯 내 삶에서 튀어나올 때 읽고 생각했던 그 기억들을 다시 들춰보곤 합니다. 그리고 '생각하고 잊고, 고민하고 물었던 그 생각들은 없어진 게 아니라 내가 속에 품고 있었다는 사실'을 알게 됩니다. 그 켜켜이 쌓인 사유의 흔적들 위를 거닐면서 오늘을 살아갑니다. 만약 읽고 생각하지 않는다면 각자의 사유세계는 텅 비게 될 테고, 그것을 토대로 한 빈약한 영혼은 살면서 얼마나 많은 불안에 시달리게 될까요. 결국 인간은 읽고 생각하며 살 수 밖에 없는 존재가 아닐까요.

위의 의미심장한 메르시어의 말은 우리를 '생각'으로 이끕니다. 정말로 '우리가 살면서 경험하지 못한 부분'은 어떻게 되는 것일까요? 어떤 식으로든지, 경험하지 못한 부분은 각자가 지닌 사유의 세계에는 들어올 일이 없습니다. 사유 바깥에 존재할 뿐이겠지요. 인간은 누구나 극히 세계의 일부분만을 경험하며 살아갑니다. 물리적으로 나의 가족, 학교, 사회, 국가를 넘어서서 세계를 인식할 수 없습니다. 예컨대, 나는 아프리카 원주민이 사유하는 방식으로 세상을 바라보는 것은 불가능합니다. 다만 그 문화를 통해 짐작할 수 있을 뿐입니다. 이를 통해 생각보다 인간이 살아가면서 할 수 있는 경험과 사유의 범위는 굉장히 협소하다는 것을 알 수 있습니다. 따라서 당연하게도 내가 인식하는 세계는 그동안 내가 인식한 범위를 넘어설 수 없습니다. 이는 '내가 알고 있는 것'에 한해서만 생각할 수 있다는 의미입니다. 하지만 세계는 무수히 많은 사고와 인식의 틀로 작동됩니다. 내 인식의 바깥에서 일어나는 일들은 '이해할 수 없는 일'이 되고 맙니다. 그래서 그렇게도 이해할 수 없는 일들이 일어나나 봅니다. 사람들은 "내 상식으로는 도저히 이해할 수 없어."라는 말을 자주 합니다. 엄밀히 말하면 이 말은 "내 인식의 범위는 이만큼이야"라고 미리 한계를 그어 버리는 일이

아닐까요. 따라서 읽고 생각하면서 우리가 가진 인식의 지평을 넓히는 일은 인생에서 무엇보다 중요한 일입니다.

인간이 할 수 있는 경험이 모두 녹아들은 문학은 그 자체가 사유의 총체입니다. 근대 이후에 탄생한 소설은 인간이 정신으로 구현할 수 있는 모든 것을 집적해 놓았다고 해도 과언이 아닙니다. 그런 의미에서 세계 문학은 우리가 가진 인식을 인류 전체로 넓힐 수 있는 귀중한 자료입니다. 그림과 글을 긴밀하게 연결시키면서 인간의 삶을 그려내는 그림책도 당연히 문학의 한 장르입니다. 그림책에 상징화된 그림은 '생각'을 자극하기에 충분합니다. 그림책의 글과 그림을 하나씩 따라가다 보면 어느새 문학에 대한 이해가 달라진 자신을 발견할 수 있습니다. 따라서 그림책과 문학을 함께 읽는다는 것은 생각하는 힘을 기르는 최고의 콜라보레이션입니다.

이 책은 다음과 같은 분들을 위해 썼습니다.

- 문학을 읽어도 아무런 감정이 느껴지지 않는다.
- 문학을 읽고 무엇을 어떻게 생각해야 하는지 잘 모르겠다.
- 지루한 문학보다 꼭 짚어 알려주는 자기계발서가 낫다
- 문학을 읽으면서 말라붙은 감성을 일깨우고 싶다.
- 문학을 읽고 나만의 멋진 해석을 하고 싶다.
- 문학 한 권을 끝까지 읽어내고 싶다.

이 책은 그림책과 세계문학을 알기 쉽게 들려주고 책을 읽고 사유할 수 있는 생각거리를 제공합니다. 따라서 책에서 제시한 그림책과 문학을 함께 읽고 여러 사람과 토론을 해 보는 것도 좋은 방법입니다. 각 장마다 들어있는 '그림책과 세계문학 논제'에 따라 다양한 생각을 나누다 보면 책을 좀 더 깊게 이해할 수 있을 뿐만 이니라, 세계를 비리보는 시선이 넓고 깊어질 것입니다. 이를 통해 그림책과 문학으로 한층 단단해지고 견고해지는 정신세계를 만드시길 기대합니다.

2016년 3월 저자를 대표해서

더행

## 2장  내가 걸어 들어간 세상

## 3장 우리가 함께 살아가는 세상

# 1장

## 내 눈으로
## 바라본 세상

# 책을 탐하다.
# 일상을 저버리다.

> **"**
>
> 사랑이 있는 사람은 신(神) 안에 있고 신은
>
> 그 사람 안에 있습니다. 신은 사랑이기 때문입니다.
>
> ─『사람은 무엇으로 사는가』, 톨스토이 ─
>
> **"**

## 『책 먹는 여우』
프란치스카 비어만 | 주니어김영사

평범한 일상을 살아가는 우리에게 '사람은 무엇으로 사는가?'라는 질문을 던져준 톨스토이는 작품 속에서 그 해답을 '사랑'이라고 했습니다. 인간을 향한 사랑과 신을 향한 사랑이 사람을 살게 하는 힘이 된다고 이야기하지요. 그러나 톨스토이의 해법이 모든 사람에게 정답이 될 수는 없나 봅니다. 어떤 이에겐 목숨을 버릴 만큼 '사랑'이 전부이지만 또 어떤 이는 사랑을 버리고 자신이 원하는 삶을 살기 위해 떠나기도 하니까요. 행복한 일상을 버리고 그 이상의 가치를 추구하는 삶도 있으니까요.

『책 먹는 여우』는 책 읽기를 무지 좋아해서 그 어떤 가치보다 '책'을 우선시한 평범치 않은 여우에 관한 이야기입니다. 그는 책이 너무 좋아 책을 사서 읽고 소금과 후추를 쳐서 꿀꺽 먹어치우는 습관을 가지고 있습니다. 그런데 책이 어찌나 맛있던지, 책을 사느라 가진 돈은 모두 바닥나고 집안 집기까지 팔아치우는 지경이 되고 맙니다. 집안이 텅텅 비게 되었지만 여우는 책 먹는 일을 멈출 수가 없습니다. 그는 급기야 도서관으로 눈을 돌립니다. 그에게 이미 일상의 행복이나 양심 따위는 중요치 않은 것이 되어 버렸습니다. 오직 책을 읽고 먹어치우는 기쁨만이 존재했지요. 도서관에서 몰래 책을 읽고 한 입씩 먹어치우는 날이 계속되고 사람들은 도서관 책에서 이상한 기운을 느끼기 시작합니다. 꼬리가 길면 밟힌다지요. 사서 선생님은 여우를 주목하게 되고 급기야 책을 먹어치우다 걸려 '도서관 출입 금지' 명령을 받고 맙니다. 책을 더 이상 보지도 먹지도 못하게 된 여우는 이제 서점에 복면강도로 들이닥칩니다. 오로지 '책'을 위해 범죄자가 된 것이지요. 그의 배고픔은 본능적 굶주림이 아니라 자신의 영혼까지 배부르게 하는 책에 대한 탐닉이었습니다. 도덕도 양심도 저버릴 만큼 간절한 삶의 가치가 '책'이었던 것이지요.

식성이 까다로운 이 여우는 굶주린 여우가 먹이를 낚아채 여우굴로 돌아오듯이 훔친 책들을 들고 급하게 집으로 달려옵니다. 그리고 책을 한 입 베어 물려는 순간, 경찰이 들이닥칩니다. 감옥에 갇힌 여우는 '독서절대금지'라는 벌을 받게 됩니다. 낙담한 여우는 말합니다. "난 사흘하고 반나절도 더 살지 못할 거야." 하지만 여우는 살 길을 찾습니다. 이제 자신이 책을 써서 먹겠다는 것입니다. 자신이 쓴 책을 먹게 되면 문제가 될 일은 없을 테니까요. 교도관은 여우가 먹기 위해 쓴 책을 너무 재미있게 읽습니다. 여우에게 부탁해 그 책을 출판까지 하게 되어 일약 베스트셀러 작가가 됩니다.


프랑스 인상파 화가 폴 고갱을 모델로 한 작품 『달과 6펜스』의 주인공 스트릭랜드는 그림을 그리고 싶은 간절한 바람 때문에 가정도 버리고 떠납니다. 만약 스트릭랜드가 책 먹는 여우가 책을 써서 먹게 되는 것처럼 일상의 행복을 누리며 자신만의 세계를 만들어갈 방법을 찾아냈다면 그의 작품 세계는 어땠을까요. 치열하지 못했기에 위대한 예술도 불가능했을까요? 행복한 일상과 삶의 열정에 대해 고민하게 되는 대목입니다.

# 고독이 필요한 이유

> **"**
>
> 인류의 거의 모든 문제는 사람들이 오랫동안
> 단지 자신과 홀로 있지 못하기 때문에 생겨난다.
>
> ―파스칼―
>
> **"**

**『달과 6펜스』**

서머싯 몸 지음 | 송무 옮김 | 푸른숲주니어

서머싯 몸의 『달과 6펜스』는 프랑스의 인상파 화가 폴 고갱의 삶을 바탕으로 쓴 소설입니다. 주인공 스트릭랜드는 영국 런던에서 증권 중개인으로 남부러울 것이 없는 중년의 남자입니다. 그는 어느 날 문득, 아내에게 "집을 떠난다."라는 편지 한 장을 달랑 남겨 놓고, 홀연히 사라집니다. 이 모든 사실을 믿을 수 없었던 스트릭랜드의 부인은 남편이 가출을 한 이유를 다른 여자가 생겼기 때문이라고 추측합니다. 하지만 정작 스트릭랜드가 모든 것을 뿌리치고 집을 나간 이유는 오로지 "그림을 그리기"위해서였습니다. 다소 충격적인 소설의 도입을 읽다보면 자연스럽게 떠오르는 질문들이 있습니다. 그 여정을 따라가 봅시다.

첫 번째 질문, "예술을 향한 스트릭랜드의 광적인 절박함은 무엇인가?"입니다. 스트릭랜드는 "그림을 그리지 않으면 더 이상 살 수가 없다."라고 말합니다. 그림은 그에게 생사의 문제인 것입니다. 무엇인가에 홀린 듯 예술적 충동에 사로잡힌 그에게 중요한 것은 오직 '그림'뿐입니다. 사실 사십대의 나이는 아무리 번뜩이는 아이디어가 떠오르더라도 쉽사리 익숙한 삶을 버리고 '새로움'을 추구하기에는 어려운 나이입니다. 익숙함에 길들여져 편안함을 추구하는 시기입니다. 당시 영국의 성공한 중년들은 그동안 쌓아온 노력의 결과물들을 누리는 나이였던 것입니다. 스트릭랜드는 집을 나온 후, 끼니를 거르는 때도 많았습니다. 생활의 궁핍함도 예술 혼을 앗아가지 못했습니다. 스트릭랜드에게 그림을 그리는 행위는 더 이상 평범한 삶을 살지 않겠다는 선언입니다. 그리고 그런 마음가짐은 선택의 용기 즉, 지금의 내 삶이 진정으로 내가 원하는 삶인가를 묻고 '자신의 의지'대로 살겠다는 스트릭랜드의 몸부림인 것입니다. 여러분은 마음 속에 '절박한 그 무엇'을 간직하고 있나요? 서머싯 몸은 원하는 것을 찾아 무작정 '떠나라'고 말하는 것이 아닙니다. 바로 스트릭랜드처럼 지금의 편안함을 포기할 만큼, 그림을 그리지 않으면 배기지 못할 만큼의 절박함을 간직하고 살고 있는가를 묻고 있는 것입니다.

두 번째 질문, "나의 삶은 과연 나의 삶인가?"입니다. 집을 나오기 전, 스트릭랜드는 안정적인 생활을 꾸리고 있었습니다. 돈도 제법 모았고, 현숙한 아내는 가정살림을 잘 꾸렸고, 두 아이들은 밝고 건강하게 잘 자랐습니다. 그래서 그 누구도 스트릭랜드의 가출을 이해할 수 없었습니다. 그렇지만 이러한 삶은 타인에게 비춰진 삶이었을 뿐 스트릭랜드가 바라는 삶은 아니었습니다. 당연히 스트릭랜드는 늘 외로웠습니다. 부인 또한 그가 그림을 그리고 싶어 한다는 것을 알아채지 못했지요. 스트릭랜드는 파티장에 간다는 핑계를 대고 1년 동안 그림을 배웁니다. '그림'이 전부인 스트릭랜드에게 돈이ㅏ 명예, 주위사람의 평판은 중요하지 않습니다. 그림만 그리기에도 짧은 인생, 남의 시선 따위는 필요 없습니다. 스트릭랜드는 남의 시선이 아닌 자신의 내면적 욕망을 따라 행동합니다. "대개의 사람들이 틀에 박힌 생활의 궤도에 따라 편안하게 정착하는 사십대의 나이에 새로운 세계를 향하여 출발할 수 있는 사람"이었습니다. 하지만 '삶의 주인으로서 살기 위해서는 포기해야 하는 것'이 있기 마련입니다. 이미 가지고 있는 것들은 쉽게 포기하기가 어려운 것이 사람의 마음입니다. 그렇지만 그동안 나의 노력으로 이루어 왔던 모든 것들이 나의 삶을 가로막는다면 과감히 버리는 용기도 필요하지 않을까요?

마지막 질문, "인간에게 고독이란 무엇인가?"입니다. 스트릭랜드가 생을 마감할 때까지 추구한 것은 예술이었습니다. 스트릭랜드의 경이로운 그림들은 '고독'이 낳은 결과물이라고 해도 무리가 아닙니다. 스트릭랜드가 고독을 사랑하는 것은 그를 사랑한 두 여인들의 태도에서도 나타납니다. 스트릭랜드는 자신의 냉대로 자살을 한 블란치를 두고 이렇게 말합니다. "블란치는 나한테는 전혀 관심이 없었소. 나를 소유하기만을 바랐지. 하긴 나를 위해서라면 무슨 일이든 하려고 했어요. 정작 내가 원하는 것 한 가지만 빼놓고 말이오. 난 혼자 있기를 바랐거든." 블란치는 스트릭랜드의 곁을 한시도 떠나려고 하지 않았습니다. 한편 타이티 섬에서 만난 여인 아타에 대해서는 이렇게 말합니다. "그녀는 간섭을 안 해, 내가 바라는 건 다 해줘." 스트릭랜드는 블란치에게서는 구속감을 아타에게서는 자유를 느꼈을 겁니다. 바로 그 부분이, 스트릭랜드가 눈을 감기 전 아타를 위해 뜨거운 눈물을 흘릴 수 있었던 이유일 것입니다.

그렇다면, '고독'은 스트릭랜드와 같은 예술적 천재에게만 필요한 것일까요? 인간에게는 누구나 '혼자 있는 시간'이 필요합니다. 왜 그럴까요? 인간은 주로 '혼자 있는 시간'에 자신이 하고 싶은 일을 하거나, 아니면 아무것도 하지 않는 휴식의 시간을 갖습니다. 자신을 고요한 상태로 놓아두는 것입니다. 바로 그 시간은 오롯이 자신을 위한 시간으로 채워집니다. 그 고독한 시간은 '자신을 더 진지하게 들여다보고 관찰하는 시간'인 것입니다. 이것은 다른 누군가가 있으면 어려운 일이기도 합니다. 예술 혼을 불태우는 스트릭랜드가 섬을 찾아가는 것도 모자라 숲속으로 들어가 버리는 이유도 더욱 철저히 '고독'하기 위해서입니다. 현실 세계에서 자신을 떨어뜨려 철저하게 혼자인 자신을 대면하기 위해섭니다. 스트릭랜드의 부인은 성공한 삶을 쫓는 속물로 비춰집니다. 블란치는 사랑을 쟁취하는 것에 실패하자 목숨을 버립니다. 이 여인에게 만약 자신만의 '고독'한 시간이 허락되었다면 스트릭랜드를 사랑의 이름으로 속박하지 않았을지도 모를 일입니다. 지금까지 천재적 예술가의 삶의 행로를 따라왔습니다. 위에 제기했던 질문을 글의 마지막에서 다시 던지고 싶습니다. "내 마음 안에 웅크리고 있는 절박함은 무엇인가요?", "나의 삶은 과연 나의 것인가요? 혹시 다른 사람이 원하는 삶을 살고 있는 것이 아닌가요?", "나는 얼마나 고독해 보았나요? 혹은 기꺼이 고독해질 의향은 있나요?" 잊지 말아야겠습니다. 이러한 고민들을 쉽사리 넘기지 않겠다는 것을. 그러한 탐색이 내 삶을 지탱시킨다는 사실을 말입니다.

1   돈이 없어도 처음에는 자신의 집 가구를 팔아 책을 사던 책 먹는
    여우가 도서관의 책을 함부로 먹으며 서점의 책을 훔치는 등의
    범죄를 저지르게 된 원인은 어떤 심적인 변화 때문일까요? 책 먹
    는 여우가 되어 자신을 변호해보세요.

2   책 먹는 여우는 도서관 책을 마음대로 훼손하고, 서점의 책을 훔
    치는 범죄를 저지릅니다. 그렇지만 베스트셀러 작가가 되어 '정
    상 참작'이 되고 감옥에서 석방이 되지요. 그렇다면 결과가 좋았
    기에 잘못된 '과정'은 용서될 수 있는 것인가요? 내 생각을 말해
    보세요.

3   삶의 특별한 기회를 만드는 것은 주로 '발상의 전환'에서 시작됩
    니다. 여우 씨는 읽는다는 것에 집착하지 않고 '쓴다'는 새로운
    발상을 하여 자신의 삶을 바꾸어 놓았습니다. 발상의 전환을 통
    해 좌절의 순간에서 새 기회를 얻은 것입니다. 좌절의 자리에 섰
    을 때 새로운 삶을 찾을 수 있는 나의 좌우명을 만들어 보세요.

4   서머싯 몸의 『달과 6펜스』는 어느 날, 예술에 사로잡힌 한 광기
    어린 중년 남자의 이야기입니다. 주인공 스트릭랜드의 예술혼과
    비범한 천재성이 강하고 굵게 표현되고 있습니다. 여러분은 이

책을 어떻게 읽으셨나요? 책을 읽은 소감을 나누어 봅시다. 인상 깊은 부분도 소개해 주세요.

---

5   증권 거래인으로 평범한 가정의 가장이었던 스트릭랜드는 "그림을 그리고 싶다"는 이유로 직장과 가족을 버리고 프랑스로 떠납니다. 그의 마음을 돌리기 위해 찾아온 '나'에게 스트릭랜드는 "집에 돌아갈 마음은 없으며, 사람들의 비난 어린 말들도 개의치 않을 것이고, 가족들이 구걸을 하며 살아도 신경 쓰지 않을 것"이라고 단호히 말합니다. 또한 그림을 그리지 않고서는 견디지 못하겠다고 호소합니다. 여러분은 뒤늦게 자신의 꿈을 찾기 위해 집을 떠난 스트릭랜드가 가진 그 어떤 '절박함'에 공감하십니까? 의견을 나누어 봅시다.

> 스트릭랜드는 이미 청년기를 넘기고 버젓하게 사회적 지위를 지닌 증권 중개업자인 데다가 아내와 두 아이까지 거느린 가장이 아닌가. 23살의 나에게는 가능한 일이라도, 그에게는 터무니없는 일이었다. 나는 그에게 성공할 가능성이 거의 없다는 점과 나중에 우회해도 돌이킬 수 없다는 점을 지적했다.(p.45)
>
> 물에 빠진 사람에게 헤엄을 잘 치고 못 치고는 문제가 되지 않소. 우선 헤어나오는 게 중요하지. 그렇지 않으면 빠져 죽어요.(p.46)

5-1 여러분 마음 안에도 스트릭랜드처럼 쫓고 싶은 '달'이 있나요?

5-2 만약, 여러분의 성장한 자녀가 어느 날 갑자기 "이제, 나의 꿈을 찾아서 떠나겠습니다." 라고 한다면, 지지해 주시겠습니까?

6 스트로브는 그림을 그리는 재능은 없지만 예술품의 가치를 예리하고 정확하게 파악하는 안목을 가지고 있습니다. 그는 한 눈에 스트릭랜드의 '천재성'을 간파합니다. 화자 '나'는 스트릭랜드의 그림을 보며 "걷잡을 수 없는 공감"을 느낍니다. 스트릭랜드는 아무리 생활이 어려워도 자신의 그림을 한 점도 팔지 않았습니다. 다음은 스트릭랜드의 그림을 본 사람들의 감상평입니다. 이를 바탕으로 볼 때, 스트릭랜드가 추구했던 예술은 무엇이었을까요?

사물을 단순하게 표현해 내는 그의 기법이 상당히 낯설었다. 인물들은 실물보다 크게 그려져 왠지 흉해 보였다. 인물들의 얼굴이 죄다 만화 그림처럼 보였다. 모든 것이 낯설고 기괴했다. 그의 그림들에서 무엇인가를 표현하고 싶은 강렬한 욕구를 느낄 수 있었다. 그것들은 잡힐듯하면서 끝내 잡히지 않는, 신비로운 비밀을 담고 있는 듯했다. 분명한 것은 그가 지금 자신을 지배하고 있는 힘에서 벗어나려고 몸부림치고 있다는 사실이었다. 그러나 그것이 무슨 힘이며, 또 어떤 방식으로 거기에서 벗어나려는 건지는 알 수 없었다. 그는 자신이 찾는 무엇인가에 좀 더 가까이 가기 위해 끊임없이 단순화시키고 뒤틀었다. (p.143~144)

방바닥에서 천장에 이르기까지 사방의 벽이 그림들로 가득 채워져 있었다. 그는 숨이 턱 막혀 왔다. 뭐라 표현할 수 없이 기이하고 신비로웠다. 그림에 대해서는 아는 바가 없었지만, 걷잡을 수 없는 격렬한 감동에 가슴이 벅차올랐다. 세상이 창조되는 순간을 보았다면 이런 비슷한 느낌을 받았을까. 무섭도록 관능적이고 열정적인 것, 그러면서 또한 공포를 느끼게 하는 어떤 힘이 거기에 있었다. 그것은 자연의 깊은 곳을 파헤치고 들어가 아름답고도 무서운 비밀을 목격하고 만 사람의 작품이었다. 그것은 인간에게는 허락되지 않는 신성한 무엇을 기어이 알아낸 사람의 작품이었다.(p.211)

7 집을 나온 후 스트릭랜드는 두 여인을 만납니다. 스트로브의 부인 블란치는 아픈 스트릭랜드를 간호하면서 그를 사랑하게 되지만 그 둘의 생활은 얼마가지 못하고 블란치의 자살로 끝을 맺습니다. 이에 스트릭랜드는 "블란치는 나에게 실연당해서 자살한 게 아냐. 생각이 한쪽으로 치우친 사람이라 그랬지."(p.139) "사랑은 인생에 일부분이지 전부는 아니야"라고 말합니다. 하지만

타이티 섬에서 만난 아타에게는 사뭇 다른 태도를 보입니다. 병들어 산 속으로 떠나겠다는 스트릭랜드를 보내 줄 수 없다고 사정하는 아타의 간청을 들어줍니다. 그렇다면, 스트릭랜드를 향한 블란치와 아타의 사랑을 어떻게 보십니까? 그녀들의 사랑은 어떻게 달랐나요? 생각을 나누어 봅시다.

> 난 사랑 따윈 원하지 않아. 내겐 사랑할 시간이 없소. 사랑은 약점이 되지. 정신을 구속하니까 말이오. 여자들은 늘 사랑 타령이야. 사랑을 터무니없이 중요하게 생각하잖소. 마치 그게 인생의 전부인 듯이 말이오. 그러나 그건 아주 사소한 부분에 지나지 않아. 나도 관능은 알아요. 그건 정상적이고 건강한 거지. 하지만 사랑은 병이오. 나는 여자들이 인생의 내조자니, 반려자니, 동반자가 되겠다고 하는 말을 들으면 참을 수가 없소.(p.137)
>
> "당신은 내 남자고, 나는 당신 여자예요. 당신이 가는 곳은 어디든 따라가요." 스트릭랜드도 마음이 흔들렸다. 눈가가 젖더니 이윽고 눈물이 뺨을 타고 천천히 흘러내렸다. 그러나 다음 순간 여느 때의 그 냉소적인 미소가 입가에 떠올랐다. "네가 원하면 가지 않겠다. 가엾은 것 같으니라고!"(p.204)

8  스트릭랜드는 타이티 섬에서 원주민 소녀 아타와 살다가 생을 마감하게 됩니다. 그는 죽기 전, 자신의 작품을 모두 태워버리라고 합니다. 만약, 여러분이 아타였다면 어떻게 하시겠습니까?

9  여러분은 스트릭랜드의 삶을 어떻게 평가하시겠습니까?

> 스트릭랜드는 수입이 가장 적은 사람들보다도 훨씬 더 가난하게 살았
> 다. 누구보다도 더 열심히 일했지만, 삶을 품위 있게 만드는 것에는 관
> 심이 없었다. 돈과 명성에도 철저히 무심했다. 사람들 대부분이 적당히
> 타협하고 말 일에도 그는 흔들리지 않았다. 타협이 가능하다는 사실조
> 차 모르는 것 같았다. 파리에서 그는 테베 사막의 은둔자보다 더 고독
> 하게 지냈다. 오로지 혼자 있기를 원했다. 그는 자신이 추구하는 것에
> 온 마음을 쏟아 부었다. 심지어 다른 사람들까지 서슴지 않고 희생시켰
> 다. 그에게는 단 하나의 목표만 존재했다.(p.148)

10  우리 시대, 사람들에게 서머싯 몸의 『달과 6펜스』가 말하려고 하
    는 바는 무엇일까요?

# 무관심이 만든 변신

『변신』
로렌스 데이비드 글 | 델핀 뒤랑 그림 | 보림

프란츠 카프카의 『변신』은 사회적 부조리를 다룬 작품으로, 물질만능주의 사회에서 돈을 벌기 위한 도구로 전락한 한 인간이 더 이상 그 역할을 해내지 못했을 때 얼마나 철저히 공동체로부터 버림받는지를 보여줍니다. 그림책 『변신』은 이 작품을 모티브로 카프카가 전하고자 했던 메시지를 무겁지 않게, 그리고 비극적이지 않게 각색하여 전달한 작품입니다.

이야기는 카프카의 『변신』과 동일하게 아침에 눈을 뜨니 벌레로 변한 주인공의 등장으로 시작됩니다. 그러나 다행스럽게도 가족들로부터 철저히 분리되는 카프카의 벌레와는 달리, 로렌스 데이비드의 벌레는 아무렇지도 않게 가족들과 어울립니다. 단지 가족들이 그레고리에게 '무관심'하지요. 내가 벌레가 되었다고, 왜 이런 거냐고, 어떻게 해야 하냐고, 자기를 좀 봐달라고 아무리 하소연을 해도 가족들은 각자 자기 할 일에만 매달립니다. 그레고리는 속상한 마음으로 딱정벌레 모습을 하고 학교 스쿨버스에 오릅니다. 아무도 그레고리가 벌레인 것을 알지 못합니다. 그레고리의 심정은 어땠을까요? 마치 자신이 모두에게 별 볼 일 없는, 아무런 가치가 없는 진짜 벌레처럼 여겨졌을 것입니다.

그런데 스쿨버스에서 뜻밖의 '희망'을 찾습니다. 가장 친한 친구 '마이클'이었습니다. 마이클만이 그레고리가 딱정벌레가 되어 버린 것을 알아차립니다. 그리고 아프지 않은지 물어보고, 기분도 물어보고 함께 도서관에서 벌레에 관해 찾아보기도 합니다. 마이클을 통해 그레고리는 문제의 핵심을 찾습니다. 자신이 벌레인 것을 아무도 몰랐던 이유는 그레고리에게 문제가 있는 것이 아니라 사람들의 무관심에 있다는 것을 알게 되었지요. 학교에서 돌아온 그레고리는 무관심한 가족들에게 자신이 벌레라는 것을 알리기 위해 '천장에 붙어 있기'를 감행합니다. 그리고 가족들은 드디어 그레고리가 벌레가 된 것을 알게 되지요. 가족들은 모두 놀라지만 그레고리를 받아들입니다.

"네가 변한 걸 몰라봐서 미안하구나." "네 이야기를 들어주지 않아서 미안하다." "네가 어떻게 변해도 우리는 늘 너를 사랑한다." "사람이건 벌레건 말이야."

그리고 다음날 아침 그레고리는 다시 사람이 됩니다. 그가 다시 사람이 될 수 있었던 것은 바로 모두의 사랑과 관심을 회복했기 때문이라고 그림책은 강하게 이야기합니다. 카프카의 그레고르가 가족들로부터 소외되어 죽어갈 수밖에 없었던 이유는 돈 버는 기계가 아닌 인간으로서 그레고르의 존재를 가족 누구도 찾아내지 못했기 때문이 아닐까요.

# 존재에 대한 새로운 질문

> "
> 존재한다는 것은 거기에 있는 것이 아니라,
> 거기에 속한다는 것을 의미한다.
>
> ― 프란츠 카프카 ―
> "

**『변신』**

프란츠 카프카 지음 | 루이스 스카파티 그림 | 이재황 옮김 | 문학동네

한 번 상상해 봅시다. 어느 날 아침, 눈을 떠 보니 자신의 모습이 흉측한 벌레로 변해 있다면 어떤 심정일까요? 절대 일어날 수 없는 이야기라고요? 현실에서는 불가능하지만 소설에서는 가능한 일입니다. 여기서 우리는 '벌레'를 외형적인 모습을 한 벌레가 아니라 '벌레'와 다를 바 없는 '인간'으로 읽을 수 있습니다. 이 끔찍한 이야기는 프란츠 카프카의 소설 『변신』의 첫 시작 부분입니다. 보험회사 직원인 주인공 그레고르는 자신이 벌레로 변했다는 충격적인 사실을 생각해보기도 전에 '회사에 출근하지 못하면 어쩌나'하는 걱정부터 합니다. 정시에 출근하지 못해 만약 회사에서 해고라도 당하면 가족을 부양할 일이 막막해지기 때문입니다. 가족의 생계를 책임지고 있는 그레고르가 힘든 회사생활을 버티는 유일한 힘은 '가족'이라는 존재입니다. 그는 아버지의 빚을 갚는다면 당장에 회사를 그만두겠다고 다짐하지만 당장은 열심히 일해야 한다고 스스로를 다그칩니다. 이렇게 한없이 착한 그레고르는 '가족을 위해 돈을 버는 인간'으로 스스로를 규정하고 그것이 바람직한 일이라고 생각합니다.

그래서일까요? 가족들 또한 그레고르의 희생을 당연하다고 여깁니다. '돈을 버는 기계'처럼 일만 하는 그레고르이지만 가족들에게는 더 없이 훌륭한 가장이자 아들이요, 오빠입니다. 하지만 정작 그레고르는 행복을 느끼지 못합니다. 직업에서 받는 스트레스가 이만저만이 아니기 때문입니다. 직장에서 겪는 "신경을 곤두세워야 하는 일과 불규칙하고 형편없는 식사와 진실하게 이루어질 수 없는 인간적 교류"등은 그레고르의 삶을 점점 옥죄어 옵니다. 그는 하루 빨리 이런 갑갑한 현실을 박차고 나가고 싶은 심정입니다. 그래도 가족이 있기에 참고 견딥니다. 이후 그레고르가 더 이상 돈을 벌 수 없게 되자 가족들에게 그의 '존재'는 그 가치를 잃어갑니다. 급기야 벌레로 변한 그레고르가 방에서 꼼짝도 하지 못하고 있는 날이 늘어나자 참다못한 가족들은 "이제 더 이상 벌레와 함께 살 수 없다."라고 외칩니다. '그래도 가족인데 어떻게 이럴 수 있느냐고요?' 그레고르 가족에게는 있을 법한 일입니다. '돈의 가치'로 존재의 의미를 찾았던 그의 가족에게는 말입니다. 물건이 고장 나면 내다 버리듯이, 돈을 벌 수 없는 인간은 더 이상 쓸모가 없어진 것입니다.

그렇다고, 그레고르의 가족이 특별히 '나쁜 사람들' 혹은 '양심이 없는 사람들'이라고 말하기 어렵습니다. 가족이라는 울타리 안에서 그들은 처음에 벌레로 변해 버린 그레고르를 보살피려는 노력을 아끼지 않습니다. 평소에는 더없이 따뜻하고 정겨운 가족들입니다. 우리가 놓치기 쉬운 것은 '가족이라는 이름'으로 너무나도 당연시해온 습관적인 생각들입니다. '가족을 위한 희생은 훌륭한 일'이라거나 '가족을 위해서라면 힘든 것쯤은 참아야 한다.'라는 것입니다. 하지만 그레고르의 삶이 보여주듯이 어느 한쪽의 희생은 가족 누구의 삶도 행복하게 만들지 못했습니다. 그레고르가 돈을 벌어 올 때는 아무 문제 없이 살다가 그레고르가 경제력을 상실하게 되자 가족들의 삶은 부리는 하녀마저도 내보내야 될 만큼 궁핍해집니다. 가족들은 영위하던 삶이 불편해지자 그 불행의 원인을 그레고르에게 돌리고 있습니다. 따라서 가족들이 '아주 못된 사람들'이어서 그레고르를 냉대한 것이 아니라, 그동안 그레고르가 자신들을 위해 희생했던 고마움을 망각하고 있는 것입니다. 이렇게 '망각'은 존재의 의미를 잊어버릴만큼 위험한 것이기도 합니다.

당연하게도 가족들이 느끼는 불행의 이유는 그레고르가 경제력을 잃었기 때문은 아닙니다. 한 사람의 '경제적 능력'으로 행복이 유지되는 가족은 얼마나 위태로울까요? 그레고르에게 가족을 위한 희생을 강요하지 않고, 가족들도 자신의 행복을 그레고르에게 의탁하지 않으며, 그레고르와 가족들 모두가 행복한 삶은 어떻게 가능할까요? 이는 "인간이라는 존재로서 행복한 삶은 어떻게 가능한가?" 라는 질문과 맞닿아 있습니다. 가족의 행복을 위해서 그레고르의 삶이 송두리째 저당 잡혀야 한다면, 그 삶이 과연 '한 인간이라는 존재로서 행복하다.'라고 말 할 수 없는 이유입니다. 이를 위해서는 인간에 대한 즉 '존재'자체에 대한 존중이 바탕에 있어야 할 것입니다. 중요한 것은 인간이라는 존재는 어느 한쪽의 희생이나 행복을 강요할 수 없다는 것입니다.

따라서 우리에게 요구되는 것은 '존재'에 대해 늘 새로운 질문을 던지는 태도일 것입니다. 바로 그것이 '존재'를 지키기 위한 길이기도 합니다. 카프카의『변신』은 존재에 대한 탐구를 게을리 한다면 하루아침에 벌레로 변할 수 있다는 섬뜩한 경고가 아닐까요.

1 그림책 『변신』에서 가족들이 그레고리가 벌레로 변했다는 것을 알아보지 못한 이유는 무엇인가요?

2 가족으로부터, 친구로부터, 내가 속한 여러 가지 공동체로부터 소외되어 외로움을 느껴본 경험이 있나요? 나는 언제 소외감을 느끼는지 그럴 때 어떻게 행동하는지 왜 그렇게 행동하는지에 대해 생각해보세요.

3 그레고리에게 벌레가 되어버린 자신을 알아 본 '마이클'의 존재 는 어떤 의미가 있을까요? 나는 공동체 안에서 나의 친구, 나의 가족들에게 '마이클'과 같은 존재인가요? 마이클의 변신을 알아 보지 못했던 '가족', '선생님'과 같은 존재인가요?

4 프란츠 카프카는 세계의 불확실성과 불안한 인간의 내면을 독창 적인 상상력으로 표현한 작가라는 평을 받고 있습니다. 그는 책 을 읽는 행위를 다음과 같이 말합니다. "책은 우리 내면의 얼어 붙은 바다를 깨는 도끼여야만 한다." 라는 말의 의미는 무엇일까 요? 생각을 나누어 봅시다.

> "나는 오로지 꽉 물거나 쿡쿡 찌르는 책만을 읽어야 한다고 생각한다.
> 우리가 읽는 책이 단 한주먹으로 정수리를 갈겨 우리를 깨우지 않는다
> 면 도대체 무엇하러 우리가 책을 읽겠는가? 한 권의 책은 우리 내면의
> 얼어붙은 바다를 깨는 도끼여야만 한다." (프란츠 카프카)

5 　프란츠 카프카 『변신』의 주인공 그레고르는 '가족을 위해 성실하
게 일하는 보험회사 직원'입니다. 하지만 하루아침에 자신의 몸
이 벌레로 변하자 가족의 냉대 속에서 쓸쓸한 최후를 맞습니다.
여러분은 이 책을 어떻게 읽으셨나요? 소감을 나누어 봅시다.

6 　그레고르가 열심히 일하는 이유는 가족의 생계를 책임지고 있기
때문입니다. 그는 늙은 부모님과 어린 동생을 보살펴야 한다는
책임감으로 힘든 직장 생활도 마다하지 않는데요. 여러분은 가족
을 위해 희생하는 그레고르의 행동을 어떻게 보시나요? 생각을
나누어 봅시다.

> '아아, 세상에! 나는 어쩌다 이런 고달픈 직업을 택했단 말인가. 허구한
> 날 여행만 다녀야 하다니. 회사에 앉아 실제의 업무를 보는 일보다 스
> 트레스가 훨씬 더 심하다. 게다가 여행할 때의 이런저런 피곤한 일들이
> 마음을 더 무겁게 한다. 기차를 제대로 갈아타기 위해 늘 신경을 써야
> 하는 일, 불규칙하고 형편없는 식사, 상대가 늘 바뀌어 결코 오래 갈 수
> 없는 만남과 결코 진실하게 이루어질 수 없는 인간적 교류 등등. 악마
> 여, 제발 좀 이 모든 것을 가져가 다오.'(p.35)

7 　그레고르가 회사의 일에 성공하여 수중에 현금이 들어오면 집에
돌아와 그 돈을 식탁에 올려놓으면 가족들은 모두 행복해합니다.
시간이 지날수록 식구들이나 그레고르도 다들 익숙해져서 이제

돈을 벌어 가족을 부양하는 것이 당연한 일처럼 되어버립니다. 하지만 어느 날 그레고르가 돈을 벌지 못하자 살림은 점점 곤궁해져 하녀마저 내보낼 상황에 이릅니다. 또한 가족들은 그레고르가 벌레로 변해버리자 그의 방에 들어오려고도 하지 않습니다. 여동생 그레테는 "이제 더 이상 벌레와 함께 살 수 없다."고 외칩니다. 여러분은 이런 가족들의 행동에 대해 공감하시나요?

> 그레고르는 몸이 편치 않아요. 제 말을 믿어주세요. 지배인님. 그렇지 않고서야 그레고르가 어떻게 기차를 놓치겠어요! 저 아이 머릿속엔 오직 회사 일밖에 없답니다. 저녁에도 외출 한 번 하는 걸 보지 못했으니 오히려 제가 화가 날 지경이에요. (p.23)

**8** 그레고르는 아버지가 던진 사과가 살 속에 박히는 심한 부상을 당합니다. 그런데 누구도 빼내 줄 엄두를 내지 못했기 때문에 사과는 여전히 살 속에 남아 섞어서 곪아터지게 됩니다. 이후 그레고르는 음식을 거의 먹지 않습니다. 식욕이 당기지 않았기 때문입니다. 결국 그레고르는 몸을 움직일 수 없을 정도로 쇠약해져 죽음을 맞이합니다. 그레고르가 죽음에 이르게 된 원인을 여러분은 무엇이라 생각하십니까?

> "다들 좀 보세요. 어쩌면 저 벌레는 저렇게 말랐을까요. 하긴 그토록 오랫동안 아무것도 먹지를 않았으니……음식은 들여다 놓은 그대로 다시 나오곤 했지요." 사실 그레고르의 몸은 완전히 납작한 모양으로 말라붙어 있었다. (p.120)

**9**  그레고르가 죽은 후 가족들은 전차를 타고 교외로 나가 오붓한 시간을 보냅니다. 그들은 앞으로의 전망에 대해 이야기를 나눕니다. 집을 옮기는 일과, 딸 그레테의 결혼, 일자리에 대해서 곰곰이 생각해 보니 그들의 미래가 그렇게 어둡지 않다는 사실을 깨닫게 됩니다. "사실 세 사람 모두 꽤 괜찮은 일자리를 얻은 데다, 특히 앞으로는 전망이 밝은 편이었기 때문"(p.126)입니다. 그렇다면, 이후 그레고르의 가족들은 어떤 삶을 살았을까요? 상상해 봅시다.

> 그레고르의 이런 고통은 아버지에게까지도 그가 엄연히 가족의 일원이라는 사실을-비록 지금은 비참하고 구역질나는 모습을 하고 있다 하더라도-상기시켜준 듯했다. 그래서 그를 원수처럼 대할 것이 아니라 그에 대한 혐오감을 꿀꺽 삼켜버리고 그저 참는 것, 별 도리 없이 그저 참는 것만이 가족으로서 마땅히 지켜야 할 도리일 터였다 (p.89)

**9-1**  그레고르와 그의 가족들을 통해 알 수 있는 '가족의 의미'는 무엇일까요? 또한 나에게 가족은 어떤 존재인지 생각을 나눠 봅시다.

**10**  카프카의 『변신』은 소외당한 인간의 불안한 내면을 한 인간이 벌레로 변하는 과정을 통해 보여줍니다. 카프카는 여동생의 바이올린 소리를 들으며 "이렇게 음악에 감동을 받는데도 내가 과연 동물이란 말인가?"(p.106)라는 의미심장한 질문을 던집니다. 우리

시대 '벌레'로 변하지 않기 위해서 인간이 지켜야 할 것은 무엇일까요?

10-1 자신은 어떤 존재로 변신하고 싶은가요?

11 사람들에게 프란츠 카프카의 『변신』을 추천(혹은 비 추천)하시겠습니까? 그 이유를 나눠 봅시다.

# 무모한 도전, 무한 도전

**『호랑이 씨 숲으로 가다』**
피터 브라운 글·그림 | 서애경 옮김 | 사계절

앞의 발문, 강산에의 '삐딱하게'라는 노래는 너나 할 것 없이 똑같이, 비싸고 멋진 옷을 입고 존경받는 직업을 갖기를 꿈꾸는 현대인들의 삶을 꼬집고 있습니다. 피터 브라운의 『호랑이씨 숲으로 가다』는 변화를 위해 도전하는 사람들에게 더 이상 남들이 하는 대로 살 필요가 없다고, '삐딱이'가 되어보라고 용기를 북돋아 주는 그림책입니다.

무표정한 도시의 동물들은 눈도 뜨지 않은 채 나비넥타이에, 모자까지 갖춰 입은 옷차림들을 하고 '어제도 그제도 잘 살고 있다'고 합니다. 호랑이 씨만 빼고요. 호랑이 씨는 틀에 갇힌 도시에서 사는 삶이 맘에 들지 않습니다. 바르게만 사는 게 싫습니다. 그래서 뭔가 좀 재미있게, 삐딱하게 살고 싶습니다. 그러던 어느 날 호랑이 씨는 정말 엉뚱한 생각을 합니다. 모두 다 직립 보행하는 세상에서 네 발로 걷기로 한 것입니다! 호랑이 씨의 이런 일탈은 자신을 바라보고 자기가 좋아하는 것을 찾는 것부터 시작됩니다. 남들이 하는 것을 그저 따라 하는 것이 따돌림을 피할 수 있는 가장 안전한 방법이 되겠지만 자기가 좋아하는 것을 찾으면서 새로운 행복을 맛봅니다. 호랑이 씨는 네 발로 걸으며 금세 기분이 좋아집니다. 하고 싶은 걸 하니 당연하지요. 호랑이 씨의 엉뚱한 짓은 날이 갈수록 심해집니다. 네 발로 온 도시를 뛰어 다니며 다른 동물들을 놀라게 하고, '어흥'하고 소리쳐 보기도 하고, 지붕 위를 날듯이 뛰어다니기도 합니다. 친구들은 참다못해 호랑이 씨를 향해 "차라리 숲으로 가서 멋대로 살지 그래요!" 라고 분통을 터트립니다. "옳지, 바로 그거야." 호랑이 씨는 정말 옷까지 모두 벗어 던지고 숲으로 향합니다. 성냥갑 같은 도시의 집들을 벗어나 온갖 꽃들과 나무들이 제각기 다른 모양을 자랑하는 숲으로 달려가는 호랑이 씨의 모습은 속 시원한 일탈을 우리에게 선사합니다.

그런데, 숲은 조금 외롭습니다. 호랑이 씨는 다시 도시로 돌아가기로 합니다. 생각지 못한 반전이네요. 이야기가 호랑이 씨가 숲으로 돌아가서 끝났다면 '자유'를 추구하는 주인공의 용기가 이야기의 주제가 되겠지요. 그런데 호랑이 씨는 도시로 다시 돌아갑니다. 도시로 돌아와 보니 무언가 바뀌어 있었습니다! 호랑이씨 덕분에 도시가 자유로워지기 시작한 것입니다. 동물 친구들은 두 발로 걷고 싶으면 두 발로 걷고, 네 발로 걷고 싶으면 네 발로 걷고 있었습니다. 호랑이 씨의 '일탈'이 자신뿐만 아니라 사회 전체에 변화를 만들어 준 것입니다. '돈키호테' 같이 엉뚱한 '호랑이씨' 덕분에 도시의 동물 친구들은 '내가 정말 하고 싶은 것은 뭘까?'를 생각하며 세상을 향해 눈을 번쩍 뜨게 된 것입니다. 그리고 무표정함을 벗고 웃게 되었지요. '돈키호테'의 웃지 못 할 행동들은 그의 가족들과 친구들, 산초에게 무엇을 남겼을까요? 아마도, 그것은 군중 속의 내가 아니라 그냥 하나뿐인 '나'로 살아가는 방법에 대한 고민이었을 것입니다.

# 변화를 위한 작은 용기

"

얼마나 많은 사람이 독서로 자기 인생의 신기원을 맞이했던가.
그런 책은 우리에게 기적을 설명하고 새로운 기적을 보여줄
기회를 제공하기 위해 존재하는지도 모른다.

— 헨리 데이비드 소로 —

"

## 『돈키호테』

미겔데 세르반테스 지음 | 김정우 옮김 | 푸른숲주니어

'돈키호테'하면 무엇이 떠오르나요? 아마도 도전과 모험이라는 말을 떠올리는데 무리가 없을 것입니다. '돈키호테'는 정의를 위해서라면 그 어떤 두려움 앞에서도 당당하게 맞서 싸우는 용기 있는 사람의 대명사입니다. 그런데 용감한 기사라는 상징성 속에는 돈키호테의 엉뚱함과 무모함을 비웃는 의미가 숨어 있기도 합니다. 그래서 대책 없이 일을 벌이거나, 앞뒤 재지 않고 어떤 일에 무작정 뛰어드는 사람을 가리킬 때도 '돈키호테 같다.'라는 말을 하기도 합니다.

　자, 그럼 돈키호테의 모험이 과연 얼마나 엉뚱하고 무모한지 그의 삶을 따라가 볼까요? 돈키호테는 스페인의 작은 마을 라 만차에 사는 50세 정도의 나이에 바싹 마른 체구를 가진 몰락한 시골 귀족입니다. 농사꾼보다야 형편이 나았지만 그렇다고 평생 일을 안 하고 살 만큼 부자도 아닙니다. 그런데도 있는 돈 없는 돈 모두 털어서 '모험 이야기' 책을 사들여서 읽는 책벌레이기도 합니다. 밤이고 낮이고 기사도 소설에 푹 빠져 있던 그는 현실과 허구를 구분하지 못하는 착각에 빠지고 실제로 모험을 떠나기로 결심을 하고 실행에 옮깁니다. 세상을 유랑하는 편력기사가 되기로 한 그는 어려움에 처한 사람을 구하고, 나라를 위해 봉사하고, 자신의 명예를 드높여야겠다고 다짐합니다. 그런 무모하게 보이는 돈키호테를 따르겠다고 나선 사람이 있었으니 바로 '산초'였지요.

낡은 갑옷과 투구, 칼을 찬 돈키호테와 작고 뚱뚱한 산초의 우스꽝스러운 모습을 바라보는 사람들의 시선은 곱지 않습니다. 현실을 버리고 이상을 찾아 간다는 그들의 말을 조롱거리로 삼고 놀려댔습니다. 이에 아랑곳할 돈키호테가 아닙니다. 모험을 시작한 그들은 오해를 받고 사람들에게 흠씬 두들겨 맞기도 하고, 사람들과 싸우다가 이가 부러지기도 하고, 상처를 입기도 합니다. 풍차를 거인으로 오인하여 돌진하는 돈키호테의 모습에서는 폭소가 터져 나옵니다. 하지만 이 모든 일에 대해 돈키호테 자신은 진지합니다. 정의라고 생각한 일에 대한 자신의 신념을 굽히지 않지요. 이를 지켜보는 산초는 주인님의 마음을 돌리기 위해 애를 씁니다.

"주인님, 이번 일로 제가 확실히 알게 된 것은, 우리가 가는 길이 엄청나게 위험해서 결국에는 살아서 돌아오지 못할 거라는 사실입니다. 지금 당장 고향 마을로 돌아가는 것이 최선인 듯 합니다요. 왜 이토록 무시무시한 모험을 하시려는 건지 도무지 이해할 수가 없습니다. 지금까지 경험한 걸로 충분하지 않습니까?"_산초

모험은 계속됩니다. 길을 가다가 발견한 죄수들의 억울한 사연을 들은 돈키호테는 그들을 구해주기로 합니다. 신분이 높은지, 부자인지는 돈키호테가 정의를 실현하는 데 고려할 대상이 아닙니다. 오직 힘들고 어려운 사람들, 극심한 고통에 시달리고 있는 사람들을 도와주는 것이 마땅하다고 생각하지요.

"이들은 도움이 필요한 약자가 분명하오. 이들을 보호하는 일 역시 편력 기사인 나의 책무요. 나는 그대에게 이들을 당장 풀어 줄 것을 요청하오. 만일 이들에게 죄가 있다면, 하늘에 계신 하느님께서 마땅한 벌을 내리실 것이오. 그런고로 사람이 사람에게 죄를 물어, 쥐새끼가 들끓는 갤리선에서 몇 년씩 노를 젓게 하는 것은 말도 안 되오."_돈키호테

이 소설의 배경이 되는 17세기 초 유럽에서는 새로운 무기의 등장과 왕권의 강화로 기사의 위엄이나 권위가 땅으로 떨어졌습니다. 사람들은 더 이상 이전의 기사도적 낭만을 생각하지 않았습니다. 하지만 돈키호테는 여전히 세상의 불의를 바로잡고 곤경에 처한 사람을 구할 사람은 기사라고 착각하지요. 그래서일까요? 그 시대의 사람들은 이 책을 한바탕 웃고 넘기는 책으로 취급했다고 합니다. 허구와 현실을 구분하지 못하는 돈키호테를 바보로 비하했지요. 그러나 시간이 흐를수록 돈키호테의 정신은 재조명되고 있습니다. 꿈과 이상을 위해 무모하다 싶을 정도로 돌진하는 돈키호테의 용기는 꿈을 이루기 위해 우리가 정작 갖추어야 할 정신은 무엇인가를 돌아보게 합니다.

우리는 『돈키호테』를 읽으며 '이상'과 '현실'에 대해서 생각해 볼 수 있습니다. 현실을 버리고 꿈과 이상을 찾아가는 돈키호테의 도전 정신을 존경의 눈으로 바라보기도 하고, 하루하루 치열하게 살아야 하는 우리의 현실과는 너무 동떨어진 게 아닌가라는 시선을

보내기도 합니다. 여러분은 어떤 삶을 살고 싶은가요? 여러분의 마음속에 이 질문에 대한 자신만의 답을 간직하길 바랍니다. 돈키호테의 이상과 산초의 현실 사이에서 균형을 잡고 자신의 가치관을 키워나가면서 사는 삶이 중요하겠지요. 어쨌든 인간은 '이상'만을 쫓으며 사는 것도 불가능하고, '현실'만을 위해서 산다는 것도 어렵고 힘든 일입니다.

지금 시대는 '돈키호테'처럼 도전을 하는 사람보다 현실을 택해서 사는 사람이 더 많은 듯합니다. 충분히 짐작하듯이, 우리의 삶이 너무 바쁘게 돌아가고 있어서 느긋하게 꿈이냐 현실이냐를 생각해 볼 여유가 없기 때문입니다. 돈키호테는 꿈과 이상을 쫓는 인물입니다. 어떠한 난관에 부딪쳐도 자신의 신념을 굽히지 않습니다. 이것은 돈키호테는 '변화를 두려워하지 않는다.'라는 의미이기도 합니다. 하지만 가만히 생각해 보면 인간은 어떤 '변화'를 쉽게 받아들이기보다는 익숙한 삶으로 안주하려는 경향이 훨씬 강하다는 것을 알 수 있습니다. 예상치 못한 변화에 대한 두려움은 인간이라면 누구나 갖는 감정입니다. 왜 그럴까요? 바로 인간에게는 원래 하던 것을 계속하려는 '회귀(回歸)'의 본능이 있기 때문입니다. 해외여행을 할 때 김치나 고추장을 기어코 싸들고 가는 이유도, 새로운 음식에 대한 거부 반응에 대한 방편이라고 할 수 있습니다. 변화에 대한 소극적인 나름의 처방인 셈입니다. 해외여행에서 현지의 음식을 밀어내고 고추장과 김치로 끼니를 해결한다면 새로움을 경험할 수 있는 기회는 사라지고 말 것입니다. 좋은 교육을 받고 수많은 경험을 해도 인간이 근본적으로 변하지 않는 이유는 현재의 삶을 그대로 사는 것이 더 익숙하고 편하기 때문입니다. 슬그머니 현실과 타협하면서 자신의 행동을 합리화시키면서 그것이 '최선'이라고 말합니다.

인간은 어쩌면 지금보다 더 나아질 거라는 확실한 희망이 있어야 그제서야 움직이는 나약한 존재인지도 모릅니다. 그러나 세상에 확실한 희망이 과연 존재할까요? 인간은 희망과 불행을 골라서 살수 있을까요? 이런 점에서 돈키호테가 우리에게 전하는 메시지는 의미심장합니다. 돈키호테는 앞으로 닥칠 두려움을 회피하지 않고, 받아들이며 나름의 신념으로 인생을 개척해가는 인물입니다. 편안함을 추구하지도 않고, 모험을 멈추지 않습니다.

'변화'는 인식의 전환으로부터 시작합니다. 전에는 몰랐던 부분을 새롭게 알게 될 때 인간은 변화 기운을 감지하고 성장할 수 있습니다. "알게 되었다"는 전과는 다른 관점으로 세상을 인식하게 하니까요. 따라서 변화를 위해 필요한 것은 '용기'입니다. 낯선 것을 정면으로 받아들일 마음가짐인 것이지요. 이러한 인식 없이는 자신에게 어떤 변화도 일어나지 않을 것입니다.

우리는 또한 돈키호테와 산조의 대화에서 '인간다움'을 읽을 수 있습니다. 돈키호테는 '산조'를 위해서라면 목숨을 걸 수 있다고 말합니다. 자신을 따르는 부하이지만 주인으로서의 권위를 휘두르지 않으며 산초를 진심으로 아끼고, 존중합니다. 자신을 고귀한 존재로 대해 주는 돈키호테에게 산초는 돈과 명예를 얻지 못한다고 하더라도 충성을 다하겠다고 다짐합니다.

> "산초야, 네 몸의 희생을 어찌 내가 함부로 요구할 수 있겠느냐? 산초야, 나는 네가 매를 맞는 대가로 돈을 요구했다면 벌써 주었을 것이니라. 그만큼 힘든 일이니까. 아, 그렇구나! 네가 지금 당장 채찍질을 시작한다면, 공작에게서 받은 그 금화는 모두 네 것이니라. 너의 마음에 보답을 한다면, 그 많다는 베네치아의 보물을 전부 주어도, 금광에 가득한 금을 다 주어도 아깝지 않을 것이니라."_돈키호테

세르반테스의 『돈키호테』가 400년이라는 세월이 흘러도 늘 현재적 의미로 다가오는 이유는 이상과 현실에서 항상 줄다리기하는 우리 자신을 발견하기 때문일지도 모릅니다. 삶을 대하는 자세와 타인을 대하는 태도와 마음가짐을 어리석고, 황당하고, 엉뚱한 돈키호테와 산초의 모습에서 엿볼 수 있기 때문일지도 모릅니다.

"돈키호테와 산초 판사를 모른 채 인간을 논하지 말라. 『돈키호테』라는 소설을 읽어야 하는 이유이며, 모든 소설의 선두요, 최고를 차지한다. 지난 4세기 동안 상상력으로 흘러넘친 문학계에서 세르반테스야말로 셰익스피어의 유일한 경쟁자라고 생각한다."
_미국의 문화비평가 헤럴드 블룸

1   일상에서의 '일탈'은 진정한 나를 찾는 과정입니다. 일탈이 없다면 우리 삶은 무미건조할 것입니다. 그림책『호랑이씨 숲으로 가다』의 호랑이씨와 같이 여러분에게 진정한 나를 찾는 '나의 일탈'은 무엇인가요?

2   호랑이씨가 숲으로 갔다가 다시 도시로 돌아간 이유는 무엇일까요? 그리고 도시로 돌아가서 변화된 도시의 모습을 보며 깨닫게 된 것은 무엇일까요? 호랑이씨의 입장에서 생각해보세요.

3   호랑이씨의 친구들은 호랑이씨가 돌아오기를 언덕에서 기다리다 반갑게 맞이합니다. 호랑이씨가 도시를 떠난 동안 어떤 일이 일어났던 것일까요? 상상해서 이야기해보세요.

4   미겔 데 세르반테스의『돈키호테』는 이상주의적 인물 돈키호테와 현실주의적 인물 산초의 좌충우돌 기사편력기입니다. 작가는 기사소설이라는 틀 속에서 돈키호테를 광기어린 인물로 그리면서 당시 사회를 비판하며 유토피아를 꿈꾸고 있습니다. 여러분은 이 책을 어떻게 읽으셨나요? 책 읽은 소감을 나눠 봅시다.

5 돈키호테가 편력기사가 되기로 한 이유는 무엇인가요?

> 마법사의 농간만 아니었다면 기사도에 어긋나는 한이 있더라도 내, 너
> 를 구하려고 목숨을 걸었을 것이다. (p.64)

6 여러분 주위에 돈키호테나 산초와 같은 성격을 가진 인물이 있
나요? 소개해 보세요.

> 산초야, 넌 기사도라는 것을 모르느니라. 입 다물고 기다려라. 이
> 런 모험이 얼마나 명예로운 일인지 네 눈으로 똑똑히 보게 될 것이니
> 라.(p.64)

7 뚱뚱하고 땅딸막한 체구의 산초는 돈키호테를 따르는 유일한 인
물입니다. 마을 사람들 사이에서 산초는 조금 모자라는 사람으로
알려져 있는데요. 여러분은 산초가 사람들이 우려하는 돈키호테
를 따라 함께 모험을 떠난 행동에 대해 어떻게 생각하시나요?

8 산초는 모험을 하는 동안 심한 고초를 당하면서도 계속해서 돈
키호테를 기사로 모시며 함께합니다. 여러분은 산초가 돈키호테
와 함께하는 이유를 무엇이라고 생각하십니까?

> "산초야, 나는 오래전부터 내려온 기사들의 관습과 규범에서 벗어날 생각이 없느니라. 그러니 네가 나에게 마음으로 봉사할 생각이 있다면 함께하는 것이고, 그렇지 않다면 전처럼 좋은 친구로만 남을 수밖에", "그대의 주인이 그렇게 무모하다는 것을 알고 있다면서, 왜 계속 모시고 다니면서 헛된 약속을 믿는 것인가?" (p.184)

> "그야 이게 제 운명이니 그런 것이지요. 제가 똑똑하고 약삭빠른 사람이라면 벌써 주인님 곁을 떠났겠지만, 만약 그렇게 했다 하더라도 그게 잘하는 짓인지는 모르겠습니다. 주인님은 저를 참으로 아껴 주시고, 비록 제가 종자일망정 고마운 일이 있으면 서슴없이 고맙다고 하시지요. 주인님이 저에게 약속하신 섬을 주지 못하신대도, 하느님도 제가 태어날 때 주신 것이 별로 없으니 아쉬울 것도 없습니다."(p.227)

9   돈키호테는 현실의 장벽에 부딪혀도 자신의 믿음을 굽히지 않는 신념을 가지고 있습니다. 주변 사람들은 이런 돈키호테의 모험을 비웃고 자신의 세계에만 빠져 있는 정신병자라고 놀리기도 하는 데요. 여러분은 돈키호테의 행동에 대해 공감하시나요?

> "아무튼 이번 일로 제가 확실히 알게 된 것은, 우리가 가는 길이 엄청나게 위험해서 결국에는 살아서 돌아오지 못할 거라는 사실입니다. 마침 수확기여서 농사일이 한창 많을 때이니, 지금 당장 고향 마을로 돌아가는 것이 최선인 듯합니다요."

10   다음은 돈키호테가 산초에게 당부하는 말입니다. 이를 통해 작가가 돈키호테를 통해 말하고 싶었던 것은 무엇일까요? 짐작해 봅

시다.

> • 자신이 누구인지를 마음 깊이 생각하고, 스스로 알려고 노력해야 하
> 느니라. 자신을 제대로 안다면 누구 앞에서든 지나치게 으스대지 않고,
> 늘 신중하게 행동하기 마련이다.
> • 농부 출신이라는 사실을 부끄러워하지 마라. 자기 자신을 부끄럽게
> 여기지 않으면 그 누구도 너를 함부로 대하지 않을 것이니라.
> • 몸으로 벌을 받고 있는 사람에게 말로써 학대하지 마라. 그 불행한
> 자에게는 형벌의 고통만으로도 충분하다. 그리고 가능한 한 사람들을
> 자비롭고 관대한 마음으로 대해야 하느니라. (p.250)

# 잃어버린 것에 대한 분노

『아툭』
미샤 다미안 글 | 요쳅 빌콘 그림 | 한마당

사람들은 자신이 가지고 있던 어떤 것을 잃어버렸을 때 심리적 변화를 경험합니다. 소중한 물건을 잃어버렸을 때, 사랑하는 사람과 헤어졌을 때, 건강을 잃었을 때, 평정심을 잃고 심리적 이상 증상이 나타나지요. 현실을 부인하고, 자신의 처지를 비관하고, 분노하고, 절망하며 혼란에 빠지게 됩니다. 하지만 이 시기를 잘 극복하면 마음도 생각도 한층 더 자라곤 합니다.

　『아툭』도 '상실'에 대한 이야기를 담고 있습니다. 아툭은 춥고 척박한 땅, 북극에 사는 이누이트족 소년입니다. 다섯 살 생일 선물로 받은 썰매 개의 이름을 '타룩'이라 지어주고 날마다 함께 뛰어놀고 함께 뒹굽니다. 그러던 어느 날 타룩은 멀리 사냥 여행을 떠나게 됩니다. 아툭은 타룩이 다른 썰매 개들처럼 자기 몫을 잘 감당하게 되고 씩씩하게 대장 노릇도 할 날을 기대하며 타룩을 보냅니다. 하지만, 사냥에서 돌아온 아빠는 타룩이 '푸른 늑대'에게 물려 죽었다는 청천벽력 같은 소식을 전합니다. 아툭은 생애 처음으로 가졌던 소중한 친구를 잃은 아픔에 현실을 부정합니다.

　'타룩이 죽을 리가 없어. 절대로 죽을 리가 없어!
　얼마나 나를 좋아했는데!'

　슬픔은 '푸른 늑대'에 대한 '분노'로 바뀝니다. 아툭의 삶은 '푸른 늘대'를 죽이고 말겠다는 복수심으로 가득 찹니다. 창과 활을 가지고 사냥 연습을 하고 썰매와 카약을 타는 법도 부지런히 익힌 아툭은 시간이 흐르자 어느새 젊은 사냥꾼 가운데 최고가 되었습니다.

그러던 어느 날, 아툭은 '푸른 늘대'가 아니라 '푸른 여우'를 만납니다. 툰드라 최고의 사냥꾼 아툭을 만나도 도망가지 않는 '푸른 여우', 아툭은 푸른 여우의 초연함 앞에 살기등등한 사냥꾼의 냉혹함을 펼칠 수 없게 됩니다. 아툭은 푸른 여우에게 도망가지 않는 이유를 묻습니다. 푸른 여우는 자신도 젊어서는 한 때 사냥꾼들을 잘 피해 다녔고, 사람들을 따돌리고 승자가 되어 다른 짐승들의 감탄을 한 몸에 받았노라고 이야기합니다. 그러나 늘 외로웠노라고, 최고였지만 혼자였노라고 말합니다. 그러나 지금은 날마다 자신을 찾아오는 '별'친구가 있기에 아무것도 두렵지 않다고 이야기합니다. 하지만 아툭에게 푸른 늘대의 말은 공허한 울림에 지나지 않았습니다. 아툭은 다시 푸른 늘대를 찾아 어둡고 캄캄한 툰드라를 헤맵니다. 그리고 마침내 푸른 늘대를 찾아 죽이고 맙니다. 그런데 푸른 늘대를 죽인 후에 아툭의 마음에는 기쁨이 아니라 깊은 슬픔이 찾아옵니다. 복수가 끝이 나도 죽은 타룩은 돌아올 수 없는 것이니까요. 타룩은 '절망'감을 느낍니다. 고통 속에서 아툭은 툰드라 저 편에서 만났던 푸른 여우의 모습을 떠올립니다. 그리고 초원의 꽃을 만납니다. 추위와 밟힐 위험을 무릅쓰고 무방비 상태로 있을 수밖에 없는 연약한 존재, 꽃. 아툭은 푸른 여우가 별을 사랑했듯이 꽃을 사랑하게 됩니다. 이제야 아툭은 잃어버린 것에 대한 아픔을 극복합니다. 마음속에서 저만치 사라졌던 사랑이 돌아왔습니다.

허먼 멜빌의 소설『모비 딕』에서 거대한 고래 '모비 딕'에게 다리를 잃은 아하브 선장이 위험한 항해를 계속하는 이유도 광기어린 복수심 때문입니다. 만약 아하브에게 삶을 회복시켜줄 '여우' 친구가 있었다면 그의 분노는 치유되었을지도 모르겠습니다. 피쿼드호의 침몰로 많은 사람이 희생되지도 않았겠지요. 살면서 누구나 맞닥뜨릴 수 있는 '절망'의 순간. 우리에게 필요한 건 푸른 여우가 전하는 따뜻한 인간애가 아닐까요. 그 사랑을 떠올린다면 삶을 초토화시킬지도 모를 분노에서 벗어나 나와 나의 소중한 사람들을 지킬 수 있을 것입니다.

# 세상을 보는 깊은 눈

"

고래잡이배의 생활은 그런 것이다.
그리고 인생 또한 마찬가지이다.

— 허먼 멜빌 —

"

**『모비 딕』**

허먼 멜빌 지음 | 김정우 옮김 | 푸른숲주니어

허먼 멜빌(1819~1891)은 미국 뉴욕에서 부유한 상인의 아들로 태어나 유복한 어린 시절을 보냈습니다. 그러나 멜빌이 12살이 되던 해 갑작스럽게 아버지가 돌아가시면서 가정 형편은 급격하게 기울게 됩니다. 여러 친척집을 옮겨 다니며 생계를 위해 닥치는 대로 일을 하던 멜빌은 어느 한 군데도 마음을 두지 못하고 외롭고 우울하게 살아갑니다. 그러던 중 우연한 기회에 영국을 항해하는 배에 타게 된 멜빌은 선원 생활을 시작하면서 본격적인 바다 생활을 체험합니다. 이때의 경험은 뒷날 작품의 바탕이 됩니다. 마찬가지로 『모비 딕』또한 멜빌이 포경선에서 경험한 것을 바탕으로 탄생했습니다.

　책은 "내 이름을 이스마엘로 불러주길 바란다."로 시작합니다. 이스마엘이 『구약성서』에 등장하는 이스마엘과 이름이 같다는 것은 우연이 아닙니다. 바로 『모비 딕』은 기독교를 바탕으로 깔고 있다는 것을 어렵지 않게 짐작할 수 있습니다. 이스마엘은 히브리민족의 조상이라 할 수 있는 아브라함이 하녀 하갈에게서 낳은 아들입니다. 그런데 아브라함이 본처 사라에게서 아들을 얻자, 이스마엘은 어머니와 추방되어 떠도는 신세가 됩니다. 여기에서 우리가 알 수 있는 것은 이 책의 화자 이스마엘이 소외된 존재로서 험난한 세상을 어떻게 헤쳐 가는가를 당시 미국의 상황과 관련지어 볼 수 있는 것입니다. 19세기 당시의 미국 상황을 이해하는 것이 『모

비 딕』을 깊이 있게 이해하는 데 도움이 됩니다. 당시 열강들은 힘
이 없는 나라를 식민 지배함과 동시에 식민지 원주민들의 종교를
백인 중심 기독교로 개종시키려고 했습니다. 미국의 경우 유럽의
종교 박해를 피해 메이플라워호를 타고 온 청교도들이 뿌리를 내
린 나라입니다. 엄격한 도덕, 금욕주의를 강조하는 청교도들이 문
명화, 기독교라는 이름아래 원주민들을 식민화하는 모습은 멜빌에
게 극심한 분노를 사기에 충분했습니다. 한마디로 『모비 딕』은 당
시 미국의 근대성에 비판을 가하는 소설이라고 볼 수 있습니다.

　　이는 이스마엘이 흑인 퀴퀘그와 나누는 우정을 통해 엿볼 수 있
습니다. 육지 생활에 지루함을 느낀 이스마엘은 포경선 피쿼드호를
타기 위해 잠시 여관에 머뭅니다. 그곳에서 만난 퀴퀘그의 끔찍한
모습에 이스마엘은 잠시 두려움을 갖습니다. 사람들은 팔뚝에 무시
무시한 문신이 있는 남태평양 출신 퀴퀘그를 식인종이라고 부릅니
다. 하지만 퀴퀘그의 인간다운 면모를 알게 되면서 진실한 우정을
나누게 됩니다. 우정을 나누는 데는 인종도, 종교도, 문명도 불필요
한 것입니다. 이렇게 멜빌은 이스마엘을 통해 당시 미국 사회가 가
지고 있던 편견이나, 편협한 사고방식을 지적하면서 진정한 인간애
를 나누는 모습을 보여줍니다.

　　이스마엘이 만난 또 한 사람 아하브 선장은 이스마엘과 달리 편
집증적인 광기를 지닌 인물입니다. 그는 자신을 불구로 만든 흰 고
래 모비 딕을 잡기 위해 혈안이 되어있습니다. 배를 출항하는 것도

오로지 모비 딕을 잡아서 죽이기 위해서입니다. 하지만 아하브 선장의 이런 불타는 복수심은 결국 그 자신은 물론 배에 탄 선원들 모두를 파멸로 이끕니다. 사흘 밤낮 동안 벌이는 모비 딕과의 사투로 피쿼드호는 침몰하고, 선원들은 목숨을 잃고, 이스마엘만 가까스로 살아서 돌아옵니다. 결국 아하브 선장에 대한 선원들의 맹목적인 순종은 선원 자신들의 목숨을 위협하는 결과를 낳았습니다.

이렇듯 멜빌은 당시 엄혹했던 청교도 정신의 이름으로 행해졌던 사회적 모순에 반기를 들었습니다. 이는 우리가 사는 세상을 있는 그대로 바라보고 인식하는 것이 아닌, 보이지 않는 이면을 들여다 보고자하는 시도로 가능할 것입니다. 그런 의미에서 허먼 멜빌의 『모비 딕』은 우리에게 세계를 향한 또 하나의 인식을 틔워주는 책이라 할 만합니다.

"가령 바람 밑이 안전한 장소라 해도 그곳에 틀어박혀 있어야 하는 불명예를 얻기 보다는 저 미쳐 날뛰는 넓은 바다 속으로 뛰어들겠다."_허먼 멜빌

1  내가 좋아하는 것, 사랑하는 것, 소중한 것을 잃은 적이 있나요?
   그 때의 감정을 글로 표현해보세요.

2  그림책 『아툭』에서 아툭이 푸른 늑대에게 복수를 하고도 허전함
   을 느꼈던 이유는 무엇일까요? 내 생각을 써보세요.

3  아툭의 꽃처럼 내가 지켜주어야 할 것은 무엇일까요? 생각해봅
   시다.

4  『모비딕』은 포경선 피쿼드호의 선장 아하브와 거대한 흰 고래 모
   비 딕의 운명적 사투를 그린 소설입니다. 이 소설은 바다 선원들
   의 거친 삶, 신과 자연에 도전하는 인간의 의지 등이 잘 묘사되어
   있습니다. 책을 읽으면서 가장 인상적인 부분을 소개해 주세요.

5 아하브와 스타벅은 모비딕에 대해 어떻게 생각하나요?

| 아하브 | 스타벅 |
|---|---|
|  |  |

6 피쿼드호의 선원들은 퀴퀘그를 보자 얼굴을 찌푸립니다. 그 이유
는 무엇일까요?

> 이봐, 난 자네 친구가 식인종인 줄은 몰랐어.

7 서로 다른 모습의 이스마엘과 퀴퀘그가 친한 친구가 될 수 있었
던 까닭은 무엇인가요?

> 나의 새 친구인 퀴퀘그는 '이제 우리가 하나로 합쳐졌으므로' 만약 위
> 험한 상황과 마주친다면 내 목숨을 구하기 위해 기꺼이 죽겠다는 맹세
> 를 했다. (p.32)

8 아하브 선장은 모비 딕을 향한 복수심에 불타 있습니다. 이런 아
하브 선장님에게 한 마디 한다면?

> 선장님......

**9**  아하브 선장은 모비 딕에게 복수하기 위해 항해를 시작합니다. 이러한 선장의 행동을 어떻게 생각하시나요?

선장님, 이제 제발 그만하십시오. 잠깐이라도 분노를 푸시고 제 말 좀 들어주십시오. 저는 겁쟁이도 아니고 위험 앞에서 몸을 사리지도 않습니다. 하지만 이 고래는 정말 보통 놈이 아닙니다. 선장님은 그 놈 때문에 다리만 잃은 게 아닙니다. 정신도 잃어버리셨습니다. 이제 그만하고 돌아가십시다. 놈은 우리를 모두 죽이고 말겁니다. −스타벅

잘 들어 둬, 스타벅. 나 아하브에게 포기란 없다. 가라앉는 자는 가라앉기 전에 두 번은 물 위로 떠오르고, 그런 뒤 다시 한 번 떠오르고, 그런 다음 영원히 가라앉는다. 모비 딕도 마찬가지야. 이틀 동안 모비 딕이 나타났어. 내일이 세 번째 날이다. 놈은 또 한 번 나타날 것이다. 자, 우리는 이제 밤새 보트를 수리하고 무기를 새로 만든다. 뭐든 지팡이가 될 만한 것을 주게. _아하브 선장. p.59

**10**  고래잡이 여행에서 살아남은 이스마엘이 깨달은 점은 무엇일까요?

# '절대 권력'에 맞서는 '절대 희망'

> "
> 두려움은 희망 없이 있을 수 없고
> 희망은 두려움 없이 있을 수 없다.
>
> ― 바뤼흐 스피노자 ―
> "

**『칠기 공주』**

파트리스 파발로 글 | 프랑수아 말리발 그림 | 윤정임 옮김 | 웅진주니어

아돌프 히틀러, 베니토 무솔리니, 이오시프 스탈린. 역사 속 절대 권력을 상징하는 인물들입니다. 이들은 강력한 리더십으로 국민들을 사로잡아 국가공동체의 신념을 하나로 통일했습니다. 하지만 그 리더십을 국민들을 위하고 국가를 세우는 데 사용하기보다는 자신의 힘을 키우는 데만 사용했습니다.

그러나 독재자가 존재하는 곳에는 언제나 그 권력에 항거하는 민중들이 살아 숨 쉽니다. 그림책『칠기 공주』는 미얀마 민주주의의 영웅 아웅산 수지 여사를 모델로 만들어진 이야기입니다. 사실을 그대로 전달한 전기문 같은 이야기가 아니라 그녀의 정신을 담아 시처럼, 옛이야기처럼 써내려간 아름답고 가슴 아픈 이야기입니다. 그래서 이야기는 현실의 벽을 뛰어넘습니다. 넘을 수 없는 절대 권력의 횡포를 정신의 힘으로 누르고 무너뜨립니다.

칠기 공주의 아버지는 임금님이 아니라 '우탱'이라는 칠기장이, 아버지가 그릇을 빚으면 딸은 그 위에 그림을 새겨 칠기를 장식합니다. 칠기 공주의 손이 닿으면 그림이 살아나는 듯해서, 온 나라에 칠기공주에 대한 소문이 퍼졌습니다. 욕심 많고 거만한 그 나라의 왕은 공주가 아닌데도 공주로 불리는 '칠기 공주'의 소문을 듣고 샘이 납니다. 왕은 그녀에게 '태양보다 더 빛나는' 왕인 '나만을 위한 칠기'를 만들라고 명령하지요. 석 달이 지나고 칠기공주가 만든 칠기가 왕에게 전해졌습니다. 그러나 왕에게 전해진 칠기에는 포악한 왕에게 시달리며 고통을 받고 있는 백성들의 모습이 고스란히 그려져 있었습니다. 왕은 불같이 화를 내며 달려가 우탱을 나라 밖으로 내쫓고 칠기 공주를 어떤 빛도 새어 들어가지 못할 감옥에 가둬 버립니다. 미얀마의 아웅산 수지 여사는 군사독재 정권 아래에서 민주화 운동을 주도하다 일곱 차례나 가택연금을 당했던 자유롭지 못한 시절이 있었습니다. 칠기공주가 암흑 감옥 속에서 눈물을 흘렸듯이 아웅산 수지 여사도 빛을 잃은 채 수많은 눈물을 흘려야만 했을 것입니다.

어둠 속에서 울부짖던 칠기 공주는 한 줄기 바람을 느낍니다. 빛이 새어 들지는 못했지만 바깥 소리가 전해지는 아주 작은 틈이 있었던 것입니다. 칠기 공주는 이제 그 틈을 통해 칠기에 그릴 수 없었던 것들을 목소리로 표현합니다. 밤낮없이, 배고픈 줄도 목마른 줄도 모른 채, 한 마디 한 마디 이야기를 전합니다. 이야기를 쏟아 놓으며 칠기 공주는 점점 몸이 가벼워지는 느낌을 받습니다. 그리고 마침내 이야기들과 함께 칠기 공주의 몸은 자유로워집니다. 포악한 왕은 칠기 공주의 몸은 가둘 수 있었으나 영혼까지 가둘 수 없었던 것입니다.

왕은 그녀를 감옥에 가둔 뒤에도 백성들 사이에 칠기 공주가 그렸던 것과 똑같은 그림이 새겨진 칠기가 나도는 것을 알고 두려움에 떱니다. 결국 불같이 화를 내며 칠기들을 마구 짓밟아 깨 버립니다. 하지만 왕이 밟아 깨어버린 칠기 조각 위에도 나무 이파리에도, 길거리 먼지 속에도, 논바닥의 물웅덩이에도 칠기 공주의 미소 띤 얼굴이 살아나자 왕은 두려워 강에 몸을 던져 버리고 맙니다.

올더스 헉슬리의 『멋진 신세계』, 조지오웰의 『1984년』, 『동물 농장』 등은 권력에 무릎 꿇을 수밖에 없는 민초들의 고통을 신랄하게 드러냅니다. 그러나 『칠기 공주』는 우리가 겪어내야 할 절대 권력의 폭정 중에도 '희망'은 있다고 이야기합니다. 할 수 있다는, 이루어지리라는 '절대 희망'을 가진 민중이야말로 우리가 만들어갈 미래라고 힘주어 말하고 있습니다.

# 인간은 어떻게 괴물이 되는가

> **"**
>
> 작가는 모름지기 정직하고 진실해야 하며, 자신이 감지한
>
> 모든 허위와 비리는 용서 없이 폭로, 고발해야 한다.
>
> ― 조지 오웰 ―
>
> **"**

**『동물동장』**

조지 오웰 지음 | 김욱동 옮김 | 푸른숲주니어

조지 오웰의 『동물농장』을 읽기 위해서는 작품이 쓰여질 당시의 시대적·역사적 배경을 알아야 합니다. 왜냐하면 이 작품이 1945년 시기의 정치와 경제 체제를 비판한 우화 소설이기 때문입니다. '우화'는 인간 이외의 동물이나 식물에게 인격을 부여하여 그들의 행동 속에서 풍자와 교훈을 담은 이야기를 말합니다. 그렇다면 먼저 국가를 존속 유지시키는 이념들 즉 자본주의, 공산주의, 전체주의가 무엇인지 간단히 설명하고 넘어가겠습니다. 자본주의란 '돈'을 중심으로 한 경제체제를 말합니다. 자본주의는 중세 봉건제도를 지나 18세기 영국의 산업혁명에 의해서 확립되었습니다. 상품을 생산하고 판매하는 주인은 보다 많은 이윤을 창출하기 위해서 노력을 기울입니다. 한마디로 자본주의는 이윤획득을 목적으로 상품생산이 이루어집니다. 따라서 '자본주의'사회는 개인의 능력이 중요시됩니다. 개인의 능력에 따라 돈을 많이 벌 수도 있고, 적게 벌 수도 있습니다. 또 그렇게 획득한 자본은 개인이 사유할 수 있는 권리가 인정되는 것이죠. 현재 우리나라를 비롯한 서유럽과 미국이 '자본주의'라는 경제체제 아래서 생활을 영위하고 있습니다.

　공산주의는 무엇일까요? 공산주의는 기본적으로 자본주의를 비판합니다. 공산주의란 사유재산제도를 부정하고 공유재산제도를 실현하여 빈부의 격차를 없애려는 사상을 말합니다. 자본주의는 개인의 능력에 따라 돈을 벌고, 그것을 사유하는 것을 허락하는 체제이기 때문에 능력이 없는 사람은 돈을 잘 벌 수 없을 것이고, 그렇게 된다면 잘사는 사람과 가난하게 사는 사람의 격차가 크게 벌어질 수 있다는 우려가 나옵니다. 마르크스는 공산주의의 단계를 따르게 되면 높은 생산력을 전제로 개인이 노예처럼 일하는 상태가 소멸되며, '개인은 능력에 따라 일하고 필요에 따라 분배를 받는다.'라고 주장했습니다. 그러나 잘 알고 있듯이 이러한 낭만적인 공산주의 사상은 실현되지 못합니다. 공산주의를 채택한 소련과 중국, 동유럽의 나라들은 몰락하면서 시장경제를 도입하기에 이르죠. 결과적으로만 볼 때, 두 체제의 대립은 자본주의가 우세한 것으로 보입니다. 마르크스는 자본주의가 고도로 발달하면 자본가와 노동자라는 양 계급의 격차가 커짐으로서 이에 참다못한 노동자들이 혁명을 일으킬 것이라고 예측했지만, 알다시피 그 예측은 빗나가고 말았습니다. 그렇다고 자본주의가 승리를 쟁취했다고 하기에는 아직 이릅니다. 자본주의로부터 파생된 인간 사회의 문제들(빈부격차, 거대기업의 경제 시장 독점, 물질만능주의 등)이 계속해서 생성되고 확장되고 있기 때문이지요.

조지오웰은 독재와 전체주의가 판을 치던 당시 정치 상황을 비판하기 위해 『동물농장』을 십필하기 시작했습니다. 노동자들이 개인의 자유를 억압하는 권력으로부터 탈출하기 위해 혁명을 하고 성공을 거두지만, 곧이어 그 권력을 획득한 또 다른 지배층의 욕심으로 혁명이 어떻게 변질되는가를 말하고자 했습니다. 또한 그러한 권력의 부패는 저항하지 않는 대중들의 무지와 무관심 속에서 출현하는 것이라고 경고합니다. 즉 자본주의냐 공산주의냐를 가려서 잘잘못을 따지는 것이 아니라 어느 체제이든지 누군가 권력을 잡게 되면 그 권력에 눈이 멀어 탐욕적으로 변하는 인간의 속성을 비판하고 있는 것입니다.

『동물농장』은 1917년 소련에서 일어난 혁명을 계기로 권력을 잡은 간교한 지배층과 우매하고 무기력한 피지배층을 모델로 하고 있습니다. 계속되는 굶주림과 학대에 시달리던 동물들은 혁명을 일으켜 인간을 농장에서 내쫓는데 성공합니다. 반란 이후 비교적 영리한 돼지 나폴레옹과 이상주의자 스노볼의 지도 아래 동물들은 모두가 평등한 동물 공화국을 만들기 위해 각자의 위치에서 열심히 일을 합니다. 그리고 마침내 인간의 지배와 착취에서 벗어나게 됩니다. 채찍질을 당하지 않아도 되고, 충분히 먹고 쉴 수 있게 되었습니다. 농장의 모든 동물들은 주인 의식을 갖고 농장 운영에 참여합니다. 그야말로 동물 모두가 평등한 이상적인 사회가 도래한 것입니다. 스노볼과 나폴레옹은 동물 농장의 모든 동물이 앞으로 영원히 지켜야 할 계명을 발표하기에 이릅니다.

일곱 계명
1. 두 발로 걷는 자는 모두 적이다.
2. 네 발로 걷거나 날개가 있는 자는 모두 친구이다.
3. 어떤 동물도 옷을 입어서는 안 된다.

4. 어떤 동물도 침대에서 잠을 자서는 안 된다.

5. 어떤 동물도 술을 마셔서는 안 된다.

6. 어떤 동물도 다른 동물을 죽여서는 안 된다.

7. 모든 동물은 평등하다.

그러나 그들이 바라던 '모두가 평등하고 행복한 삶'은 잠시뿐. 곧이어 동물들은 똑똑한 돼지 나폴레옹, 스노볼, 스퀼러의 주도면밀한 지배 체제에 힘없이 무너집니다. 권력의 달콤함을 알게 된 나폴레옹은 결국 경쟁자 스노볼마저 제거하고 최고 독재자의 자리를 쟁취하는 데 성공합니다. 그 후 나폴레옹은 개인의 영화를 위해 다른 동물들을 억압하고 착취하는 데 권력을 휘두르죠.

나폴레옹의 독재체제에서 동물들의 존엄은 무시됩니다. 우유는 돼지들만 먹을 수 있었고, 암탉들은 강제로 계란을 생산해야 했습니다. 토론은 허용되지 않았으며 엄청난 노동에 시달리면서도 동물들은 어떠한 반론도 제기하지 못했습니다. '모두가 평등하고 행복한 삶'을 위해 반란을 했지만 착취자만 바뀌었을 뿐 반란 전과 달라진 건 없었지요. 동물들은 부당한 처우에 대해서 깊이 고민하지 않았으며, 독재자 나폴레옹의 말을 믿고 따랐습니다. 복서는 무한 충성을 약속하며 녹슴이 다할 때까지 일했지만 결국 말 도살장으로 끌려가 생을 마감하고 맙니다. 생각하기를 싫어하는 동물들을 발판 삼아 나폴레옹은 권력을 더욱 키워나갈 수 있었습니다. 이렇게 권력은 주변과 개인의 힘으로 더욱 강해지게 마련입니다. 그렇다면 만약 동물들이 생각을 통해 돼지들의 행동을 감시하고 비판하면서 한 목소리를 냈다면 나폴레옹이 가진 권력은 어떻게 되었을까요?

동물들은 자신들이 농장의 주인이라는 생각에 점점 더 강하게 옥죄어 오는 고통과 역경을 참아 냅니다. 죽을 힘을 다해 일하며 인간들로부터 농장을 지켜내기 위해 온갖 고생을 다하지만 동물들의 삶은 조금도 나아지지 않습니다. 모든 동물들이 지켜야 하는 '일곱 계명'은 점차 지배를 받는 동물들만 지켜야 하는 법으로 변질되고 마는 것이죠. 결국 동물들을 위한 '일곱 계명'은 동물들이 모르는 사이에 다음과 같이 바뀝니다.

- 네 발은 좋고, 두 발은 더욱 좋다.
- 어떤 동물도 시트를 깐 침대에서 잠을 자서는 안 된다.
- 어떤 동물도 술을 너무 많이 마셔서는 안 된다.
- 어떤 동물도 이유 없이 다른 동물을 죽여서는 안 된다.
- 모든 동물은 평등하다. 그러나 어떤 동물은 다른 동물보다 더 평등하다.

절대 권력을 차지한 나폴레옹은 자신에게 반기를 드는 동물들을 적으로 몰아붙이고 결국 제거합니다. 그렇다고 나폴레옹에게 충성한 동물들이 살아남는 것도 아닙니다. 나폴레옹에게 희생 당할 뿐입니다. 그런 의미에서 이 책은 절대 권력은 반드시 '부패'한다는 진리와 혁명에 대한 대중들의 태도에 대해서 일깨워 줍니다. 진정한 혁명의 성공은 바로 대중들이 만들어 가는 것이라고 말입니다. 조지 오웰은 다음과 같이 말합니다.

> 대중들이 깨어 있고 혁명이 완수되자마자 자신의 지도자들을 축출하는 방법을 알고 있을 때에만 혁명이 근본적인 진보에 영향을 준다.

작가는 절대 권력이 누구에게로부터 와서 커지는가를 문제 삼지 않습니다. 독재자가 권력의 달콤함에 심취해 스스로 타락하든, 동물들의 '생각 없음'이 권력 심화를 조장하든, 사실을 말하기보다는 권력이 가진 속성에 대해 성찰할 것을 주문합니다. 인간 착취로부터 깨어있기를 주장한 메이저 영감의 연설은 동물들에게 완전히 새로운 관점을 제시해 주었고 반란에 성공할 수 있는 단초를 마련했습니다. 하지만 반란의 일원이었던 돼지들은 권력을 잡고 인간의 모습을 닮아가며 타락하기 시작합니다. 만약 다른 동물 중 누군가가 먼저 권력을 쟁취했다면 그 달콤함을 놓치지 않기 위해 돼지들과 흡사한 모습으로 타락하지 않았을까요? 이는 누구나 권력이 가진 속성으로부터 자유로울 수 없다는 작가의 경고일 것입니다. 『동물농장』은 권력을 잡은 독재자의 도덕성을 비판하는 데서 그치는 것이 아니라 변질될 수밖에 없는 권력의 속성을 알 듯 모를 듯 비추고 있는 것이죠.

소설은 "누가 돼지이고 누가 사람인지 구별하기란 이미 불가능했다."(p.123)로 끝을 맺고 있습니다. 권력의 타락을 다룬 소설이되 권력의 속성을 드러내지 않는 소설, 『동물농장』은 권력자와 착취당하는 자가 공통으로 추구하는 욕심을 내보여줍니다. 그런 의미에서 조지 오웰이 말한 '작가 정신으로서의 폭로'는 있는 그대로를 내보이는 것입니다. 이 책을 읽는 독자들의 몫은 작가가 내보인 것을 성찰하는 것입니다. 작가는 묻습니다. '권력의 속성이 무엇이며, 그것으로부터 자유로워지려면 우리는 무엇을 해야 하는가?'

지배 권력에 휘둘리지 않기 위해서는 현실을 바르게 볼 줄 알아야 합니다. 무엇이 진실이고 거짓인지 끊임없이 질문을 던지는 자세가 필요합니다. 표면적으로 드러난 것을 맹목적으로 믿는 게 아니라 숨겨지고 은폐된 진실에 다가가는 자세는 바로 나 자신으로부터 나온다는 사실을 잊지 말아야겠습니다.

"만약 다른 동물 중 누군가가 먼저 권력을 쟁취했다면 그 달콤함을 놓치지 않기 위해 돼지들과 흡사한 모습으로 타락하지 않았을까요? 이는 누구나 권력이 가진 속성으로부터 자유로울 수 없다는 작가의 경고일 것입니다."_본문 중에서

1    욕심쟁이 왕의 명령 앞에도 당당할 수 있었던 칠기 공주의 내면
       의 힘은 어디서부터 비롯된 것일까요? 내면의 힘을 만드는 삶의
       가치관은 어떤 것이 있는지 생각해보세요.

2    욕심쟁이 왕을 보면 권력의 부패 양상을 알 수 있습니다. 권력이
       부패하면 어떤 폐해가 일어나나요?

3    감옥에서 칠기 공주가 사라졌다는 것은 무엇을 의미할까요? 또
       칠기공주는 사람들에게 어떤 영향을 미친 것인가요? 생각해봅
       시다.

4    조지 오웰의 『동물농장』은 타락한 혁명에 대한 비극적 우화 소
       설입니다. 여러분은 이 책을 어떻게 읽으셨나요? 책 읽은 소감을
       나눠주세요.

5    인간들을 내쫓고 혁명에 성공한 동물들은 다음과 같이 '일곱 계
       명'을 만듭니다. 다음 '일곱 계명'에 대해 어떤 생각이 드나요? 생
       각을 나눠봅시다.

1. 두 발로 걷는 자는 모두 적이다.
2. 네 발로 걷거나 날개가 있는 자는 모두 친구이다.
3. 어떤 동물도 옷을 입어서는 안 된다.
4. 어떤 동물도 침대에서 잠을 자서는 안 된다.
5. 어떤 동물도 술을 마셔서는 안 된다.
6. 어떤 동물도 다른 동물을 죽여서는 안 된다.
7. 모든 동물은 평등하다.

6 동물들을 위한 '일곱 계명'에 따르면 모든 동물은 침대에서 잠을 자면 안 된다고 명시되어 있습니다. 그러나 동물들은 돼지들이 침대에서 잠을 잔다는 소문을 듣고 웅성거립니다. 그러자 돼지들은 다음과 같이 대답합니다. 여러분은 돼지들의 주장에 동의하십니까? 반박해 봅시다.

"침대는 그저 잠을 자는 곳일 뿐입니다. 엄밀히 따지자면 외양간에 짚을 깔아 놓은 것도 침대라고 할 수 있지요. 그렇지만 요즘 우리가 하는 정신노동을 생각한다면, 그 정도의 편안함도 충분치는 않아요. 동무들, 설마하니 우리한테서 휴식마저 빼앗으려는 겁니까? 너무 피곤해서 우리의 의무를 제대로 수행하지 못하기를 바라는 건 아니겠지요? 혹시 존스가 돌아오기를 바라는 이가 있는 건 아닐테지요?

나의 반박〉

7 벤저민은 돼지들이 인간들처럼 동물들을 지배하고 착취하리라는 것을 알아채지만 침묵을 지킵니다. 이런 벤저민의 행동에 대해서 자신의 의견을 말해 봅시다.

"당나귀 벤저민 영감은 '반란'후에도 전혀 달라지지 않았다. 그는 게으름을 피우지도, 그렇다고 다른 일을 자진해서 떠맡지도 않으면서 존스 시절과 똑같이 느릿느릿 완고한 태도로 일에 임했다. '반란'이나 그 결과에 대해서는 아무런 의견도 표명하지 않았다. 존스가 사라진 지금이 훨씬 행복하지 않느냐는 질문에 벤저민 영감은 당나귀는 명이 길다네. 자네들 중에 누구도 죽은 당나귀를 보진 못했을 거야"라고만 대답했다. 다른 동물들은 이 수수께끼 같은 대답으로 만족해야 했다. (《동물농장》, 문학동네, 32쪽)

8  모두가 행복한 동물 농장을 만들기 위해서 지배층의 동물과 피지배층의 동물들은 어떻게 해야 할까요? 동물들의 행동 규칙을 만들어 보세요.

| 지배층 동물들의 행동 규칙 | 피지배층 동물들의 행동 규칙 |
|---|---|
|  |  |

9  다음은 『동물농장』의 마지막 부분입니다. 밑줄 친 부분에 대한 자신의 생각을 말해 봅시다.

"열두 명이 제각기 분노에 찬 음성으로 고함을 치고 있었는데 그 목소리들이 모두 똑같았다. 그러고 보니 돼지들의 얼굴에 무슨 변화가 일어났는지 이제 알 수 있었다. 밖에서 지켜보던 동물들의 시선은 돼지에게서 인간으로, 인간에게서 돼지로, 또다시 돼지에게서 인간으로 왔다갔다 분주했다. 그러나 누가 돼지이고 누가 사람인지 구별하기란 이미 불가능했다." (《동물농장》,문학동네, 123쪽)

**10** 다음 글을 읽고 토론 주제를 꺼내 주세요.

▶ 벤저민

당나귀 벤저민 영감은 '반란'후에도 전혀 달라지지 않았다. 그는 게으름을 피우지도, 그렇다고 다른 일을 자진해서 떠맡지도 않으면서 존스 시절과 똑같이 느릿느릿 완고한 태도로 일에 임했다. '반란'이나 그 결과에 대해서는 아무런 의견도 표명하지 않았다. 존스가 사라진 지금이 훨씬 행복하지 않느냐는 질문에 벤저민 영감은 당나귀는 명이 길다네. 자네들 중에 누구도 죽은 당나귀를 보진 못했을 거야"라고만 대답했다. 다른 동물들은 이 수수께끼 같은 대답으로 만족해야 했다. (〈동물농장〉, 문학동네, 32쪽)

▶ 복서!

"곤경에 처할 때마다 지혜로운 돼지들과 건장한 복서가 동물들을 구해 주었다. 복서는 모든 동물들에게 경탄의 대상이 되었다. 존스 시절에도 열심히 일하는 일꾼이었지만, 지금은 말 한 마리 몫이 아니라 말 세 마리 몫을 해내는 것 같았다. 농장 일은 전부 그의 힘센 어깨에 달린 듯한 날도 종종 있었다. 아침부터 저녁까지 그는 가장 힘을 많이 쓰는 곳에서 늘 밀고 당기며 일을 했다. 복서는 수탉한테 아침에 다른 동물들보다 자기를 반 시간 일찍 깨워달라고 부탁했다. 그리고 정규 일과가 시작되기도 전에 도움이 가장 절실하다고 생각되는 곳으로 가서 일을 하곤 했다. 문제가 있을 때나 곤경에 처할 때마다 그는 "내가 좀 더 일하지!"라고 말했다. 그리고 이 말을 자신의 좌우명으로 삼았다." (〈동물농장〉, 문학동네, 31쪽)

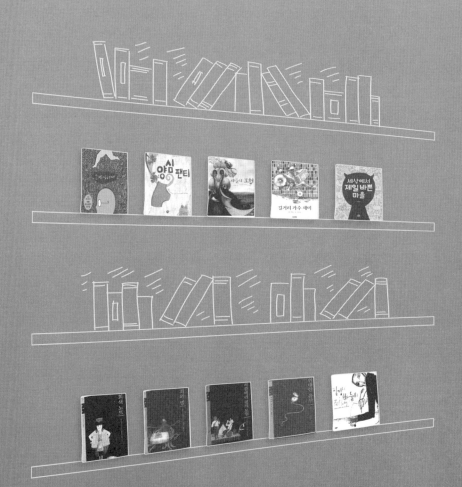

2장

내가
걸어 들어간
세상

# 있는 그대로의 나

"

자아는 이미 만들어진 완성품이 아니라
끊임없이 행위와 선택을 통해 형성되는 것이다.

— 존 듀이 —

"

『그림자 너머』

이소영 | 글로연

이소영의『그림자 너머』는 꿈을 찾기 위해 방황하는 우리 청소년들에게 주는 메시지를 상징적인 그림과 추상적인 이야기 구조로 깊이 있게 표현한 '청소년을 위한 그림책'입니다. 이야기의 주인공은 머리입니다. 머리는 바로 청소년들의 현재의 삶을 표현해 줍니다. 오직 지식 충전을 위해 학교에 가고 생각조차 금지된 것 같은, 답답한 책상 앞에서 똑같은 모습으로 공부하는 머리들! 어느 날 그 중에 한 '머리'가 '난 무엇을 하고 싶은 걸까?' 고민하기 시작합니다.

　그 머리는 내면의 소리를 듣기 시작합니다. 그리고 그림자 넘어 몸통이 부르는 소리가 들리는 곳으로 찾아갑니다. 몸통은 자신을 마음이라고 소개합니다. 자신이 머리를 불렀으며 같이 가자고 말합니다. 머리는 여러 개의 몸통(마음)들과 만납니다. '원하는 것을 다 가질 수 있는 마음', '손해 보지 않고 빨리 갈 수 있는 마음', '상처받지 않기 위한 단단한 마음', '너 없이 허전해서 살 수 없는 마음', '더 열심히 살게 하는 마음' 들이 모두 함께 가자고 합니다. 하지만 머리는 너무 무거워서 그 몸통(마음)들과 모두 함께 갈 수 없습니다. 이 마음들이 현실 세계에서 머리를 키워 준 마음들이라 할지라도 머리가 이 모든 것을 안고 살아가기엔 너무 무겁고 힘든 짐이 됩니다.

머리는 자신을 놓아주지 않으려는 그 마음들을 뿌리치고 빛을 쫓아갑니다. 그 빛은 머리를 '모든 것이 자연스러운 곳, 있는 그대로가 편안한 곳'으로 이끕니다. 그리고 "네가 바로 너야."라고 고백하는 몸통과 만납니다. 머리와 몸통은 하나가 되고 이렇게 이야기합니다.

"너와 내가 함께 하는 세상에서 있는 그대로의 자유로운 삶을. 내 마음 속 깊숙한 곳에서 찾은 너, 수많은 너의 마음들을 지나 찾아온 너. 그리고 점점 자라나는 너. 한층 더 환한 너"

청소년기를 답답하게 옭아매는 현실과 어리다는 이유만으로 권위에 굴복하기를 원하는 어른들과 부모님, 더 이상 어디로 갈지 못하고 방황하는 내 꿈, 이 모든 것으로부터 자유로워져서 오직 자신의 목소리에 귀를 기울여 보라고 차분히 이야기해주는 책이 『그림자 너머』입니다. 『그림자 너머』의 '머리'처럼 『회색 노트』의 자크와 다니엘은 그들을 옭아매는 모든 일상적인 것으로부터 탈출을 시도합니다. 그리고 자신을 찾기 위해 방황합니다. 사춘기의 방황으로 삶의 모든 해답을 찾을 순 없지만, 다시 실패하고 다시 방황하는 날도 오겠지만, 치열하게 고민하고 뜨겁게 부딪혔던 그 시간들은 분명 조금 더 성숙한 자아를 만드는 밑거름이 되었을 것입니다. 그러하기에 청춘은 아름답습니다.

"청춘! 이는 듣기만 하여도 가슴이 설레는 말이다. 청춘! 너의 두

손을 가슴에 대고, 물방아 같은 심장의 고동을 들어 보라. 청춘의 피는 끓는다. 끓는 피에 뛰노는 심장은 거선(巨船)의 기관(汽罐) 같이 힘있다. 이것이다. 인류의 역사를 꾸며 내려온 동력은 바로 이것이다.”_『청춘예찬』, 민태원

# 삶을 집어삼킬 것 같은 충동

> "

"삶이 그대를 속일지라도 슬퍼하거나 노여워하지 마라
설움의 날을 참고 견디면 기쁨의 날이 오고야 말리니
마음은 미래에 살고 현재는 언제나 슬픈 것
모든 것은 순식간에 지나가고
지나간 것은 또다시 그리움이 되는 것"

— 알렉산드로 푸시킨 —

> "

## 『회색 노트』

로제 마르탱 뒤 가르 지음 | 이충훈 옮김 | 푸른숲주니어

살면서 한 번쯤 성장의 아픔을 겪어보지 않은 사람이 있을까요? 사춘기 시절은 '내가 누구인지 나도 잘 모르는 시기'가 아닌가 싶습니다. 자신을 모르기 때문에 타인에 대한 이해도 부족하고, 세상에 대해서도 잘 모르고 그래서 무엇 하나 잘하는 것 없이 서툰 자신이 한심하게 느껴지는 시기입니다. 정서적 굴곡과 미래에 대한 불안으로 혼란스럽습니다. 그래서 한껏 호기롭게 행동하다가도 주눅이 들고, 대수롭지 않은 일로 웃기도 잘하고, 울컥하기도 쉬운 때입니다. 세상이 오로지 '나'를 중심으로 돌아가는 것만 같습니다. 사람들이 '나'만 처다보는 것 같은 기분이 듭니다. 그래서 예민함은 바늘과 같고 감수성은 터지기 일보 직전이며, 자존심은 하늘을 찌릅니다. 친구들과 선생님, 부모님의 사소한 말과 행동에서 상처받기 쉽습니다. 끝이 보이지 않는 출구를 헤매는 기분으로 절망에 빠지는 날들도 많습니다. 이렇듯 정신을 송두리째 뒤흔드는 미망(迷妄)의 시간들이 어른이 되기 위한 하나의 과정임을 그 시절에는 몰랐습니다.

　로제 마르탱 뒤가르의 『회색 노트』에 나오는 두 소년, 자크와 다니엘도 어린 아이에서 어른으로 넘어가는 과정에서 진통을 겪고 있습니다. 엄격한 가톨릭 집안에서 성장하는 자크는 아버지의 권위가 답답하기만 합니다. 집안의 명예와 체면을 중시하는 아버지에게 자크는 늘 주눅이 들어 있습니다. 모범생 형 앙투안에 비해 자신은 늘 말썽만 피우는 문제아이기 때문입니다. 하지만 사춘기에 접어들면서 자크는 세상의 모든 권위들을 의심하기 시작합니다. 아버지의 말을 하나씩 어기기 시작하고, 학교에서 금지하는 책들도 몰래 숨어서 봅니다. 자신을 둘러싼 기존의 세계를 의심하고 그 너머에는 무엇이 있을까를 고민하기 시작한 것입니다. 자크는 어른이 되기 위한 준비를 하고 있었던 셈입니다. 자크와 달리 다니엘은 자유분방한 프로테스탄트의 개신교 집안에서 성장합니다. '자유롭게 생각하고, 자신의 판단을 존중해주는' 어머니 밑에서 자란 다니엘은 스스로 생각하고 행동할 줄 아는 분별 있는 소년입니다. 하지만, 아버지의 외도로 가정은 평온하지 못합니다.

살아온 환경과 배경이 서로 다른 자크와 다니엘은 바로 그 '다른 점' 때문에 서로에게 매력을 느낍니다. 이들은 회색 노트에 자신들의 이야기를 만들어 나갑니다. 어른들의 권위에 대한 환멸, 아버지의 억압, 도달하기 어려운 이상과 같은 이야기를 주고받으면서 둘의 우정은 깊어만 갑니다. 그러던 어느 날, 학교 선생님에게 이 '비밀노트'가 발각되어 징계를 받을 위기에 처합니다. 하지만 이 사건으로 자크와 다니엘의 우정은 더욱 깊어집니다. 서로 다른 세계를 바라보던 두 소년은 이제 모든 것을 함께 하기로 하고 가출을 감행합니다. 둘 사이에는 당연히 비밀 따위는 없어야 하고, 모든 생각과 감정을 털어놓자고 자크와 다니엘은 맹세합니다. 그것이 진정한 우정이며, 그들은 함께 하지 못한다면 차라리 죽음을 선택하겠다고 합니다. 자크와 다니엘은 비장한 마음으로 가출을 했지만 집 밖의 세상도 결코 만만하지 않음을 절감합니다. 형편없는 식사와, 추운

잠자리, 일을 할 만한 곳을 구하기 위해 어른들에게 끊임없이 거짓말을 해야 합니다. 둘만의 우정만 있으면 모든 문제는 해결되고 행복할 것 같았지만 무엇보다 생존을 위해서는 어른들이 만들어 놓은 세계로 들어와야 했던 것입니다. 뿐만이 아닙니다. 자크는 자신의 의지가 받아들여지지 않는다면, 우정이 지켜지지 않는다면 차라리 죽는 게 낫다는 자신감을 조금씩 의심하기 시작합니다. 다니엘 또한 자크를 따라 가출한 것에 대해 후회하는 마음이 점차 커지고 있습니다.

그래서일까요? 두 소년은 어른들이 보낸 경찰에 의해서 순순히 집으로 돌아옵니다. 비록 끌려오기는 했지만 이들의 가출은 매우 성공적입니다. 집을 나가기 전과 후의 자크와 다니엘은 분명 다른 사람이 되어 있었을 테니까요. 어른들의 세상이 바뀐 것은 아닙니다. 자크의 아버지는 여전히 엄격하고 집안과 가문의 권세를 중요시합니다. 다니엘의 아버지도 여전히 여러 여자와 바람을 피우면서 어머니를 속상하게 할 겁니다. 하지만 자크와 다니엘이 바라보는 세계는 이미 전과 같지 않음을 느낍니다. '삶을 집어 삼킬 것 같은 충동'의 경험으로 깨달은 바가 있기 때문입니다. 아마도 자크와 다니엘은 이렇게 말하지 않을까요. "이것은 아이에서 어른으로 가는 과정일 뿐이야!"라고.

1    머리(이성)만 있는 존재, 몸통(마음)만 있는 존재가 진정한 자아
일 수 없는 까닭은 무엇일까요?

2    인간에게는 다양한 마음이 존재합니다. 내면의 모습 그대로의 마
음뿐 아니라 사회적 욕망에 의해, 이성적 판단에 의해 만들어진
마음들도 존재합니다. 우리는 이 마음들을 어떻게 조련해야 행복
한 삶을 만들어갈 수 있을까요? 내 나름대로 생각해보세요.

3    만약 내가 삶을 가꾸어가는 과정에서 '이성적인 나'와 '진정한
나'와의 충돌이 있을 때(생각과 마음이 따로 다른 의견을 갖고
있을 때) 나는 이 문제를 어떻게 해결할까요?

4    로제 마르탱 뒤 가르의 『회색 노트』는 엄격한 가톨릭 집안의 자
크와 자유분방한 프로테스탄트 집안의 다니엘이 편지를 주고받
으면서 우정을 쌓는 이야기입니다. 서로 다른 환경에서 자란 자
크와 다니엘은 서로에게 호감을 느끼면서 가까워지는데요. 여러
분은 이 책을 어떻게 읽으셨나요? 책을 읽은 소감을 나누어 봅시
다. 인상 깊은 부분도 소개해 주세요.

5    엄격한 가톨릭의 집안 분위기 속에서 답답함을 느끼는 자크와
개신교 집안 분위기에서 자유분방하게 행동하는 다니엘은 서로

의 매력에 이끌려 친해집니다. 둘은 둘만의 비밀 이야기를 아래와 같이 '회색 노트'에 적으면서 우정을 쌓아갑니다. 자크와 다니엘에게 '회색 노트'는 어떤 의미였을까요?

"내 마음을 들여다보면 볼수록 나는 인간은 그저 짐승에 불과하며, 사랑만이 사람을 승화시킬 수 있으리라는 생각이 든다. 이것이 바로 상처받은 내 마음의 소리야." (자크)

"비록 다른 하늘 아래에 혼자 살고 있다 할지라도, 우리 두 사람의 마음을 잇는 진정하고도 유일한 끈이, 앞으로 너에게 일어날 일들을 모두 알게 하리라는 생각이 든다. 우리의 깊은 우정 앞에서는 시간도 흐르지 않는 것 같구나." (다니엘)

"나는 적대적인 세상에 혼자 서 있다. 사랑하는 아버지는 나를 도저히 이해하지 못해. 아직 나이도 어리건만, 이미 내 뒤에는 줄기를 잘린 풀과, 비로 변한 이슬, 채워지지 않는 욕망과 쓰디쓴 절망이 있지." (자크)

"오, 사랑하는 친구여, 이리도 젊은 네가 왜 삶을 저주한단 말인가? 어떻게 하면 네 마음을 짓누르는 고통에서 널 벗어나게 해 줄 수 있을까? 어떻게 하면 그 절망의 외침을 그치게 할 수 있을까? 친구여. 이상이란 인간의 본성과 상반되는 것이 아니다. 그것은 그저 시인들이 만들어 낸 환상에 불과한 것이 아니다!" (다니엘)

5-1  여러분도 친구와 쪽지나 편지로 소통을 해 본 적이 있나요? 경험을 나눠 봅시다.

6    자크와 다니엘은 둘이 주고받던 '회색 노트'가 학교에서 발각되자 이에 분노하며 가출을 감행합니다. 자크는 집과 학교가 아니어도 얼마든지 "잘 살 수 있음"을 증명해 보이고자 하는데요. 이후 둘은 쪽지 한 장 남기지 않고 집을 나와 마르세유 광장을 배회하다가 어른들이 보낸 경찰에 잡혀 결국 집으로 돌아옵니다. 여러분은 자크와 다니엘의 가출, 어떻게 보십니까? 생각을 나눠 주세요.

> 자크 군이 제 방으로 갑자기 뛰어들었습니다. 그리고는 대뜸 이렇게 소리를 지르더군요. '책하고 노트를 도둑맞았어요!' 그리도 맑던 두 눈이 분노로 가득 차 잔뜩 붉어져 있었습니다. '선생님이 제 노트를 가져가셨죠? 선생님이죠! 만일 선생님이 그걸 함부로 읽으신다면 차라리 죽어버리겠어요! 제 노트는 어디 있죠? 제발 돌려주세요! 지금 당장 돌려주시지 않는다면 여기 있는 물건들을 죄다 부숴 버리겠어요.' 그러더니 말릴 사이도 없이 책상에서 수정문진을 집어 들더니 힘껏 던져 버렸어요. (p.21)

- 긍정적

- 부정적

7    자크의 아버지와 다니엘의 어머니는 서로 다른 교육관을 가지고 있습니다. 자크의 아버지는 자크에게 가톨릭 집안의 명성에 누가 되지 않도록 행동을 조심하고 타의 모범이 되어야 한다고 늘 강조합니다. 또한 정해진 규율을 어길 경우, 아이의 나쁜 버릇을 고치기 위해서 "특별한 시설에 가두고 불량한 물이 들지 않도록 훈육해야 한다."라고 힘주어 말합니다. 이에 반해, 다니엘의 어머니는 모든 일에 있어서 "자유롭게 의견을 내고, 스스로 결정할 수 있

게 해야 한다."라고 판단합니다. 여러분은 자크 아버지와 다니엘의 어머니의 교육관이 각각 아이들에게 어떤 영향을 미쳤을 것이라고 생각하나요?

> "아이들이 가출한 일로 신문 기자들이 쓸데없는 말을 떠벌리지 않도록 경계할 필요가 있지 않나 해서요. 저 개인의 일로, 제가 대표를 맡고 있는 사업이 공격을 받아선 안 되잖아요. 그리고 무엇보다 제 아들을 생각해서입니다. 두 아이의 해로운 친분 관계가 제 아들의 장래에 걸림돌이 되는 일이 없도록 처리해 줘야 한다는 것입니다."(자크 아버지)
>
> "저는 아이들이 주고 받은 비밀노트를 한 줄도 읽지 않겠습니다. 여러분. 그 애도 모르는 사이에 그 애의 비밀이 여러 사람들 앞에서 폭로되다니요! 저는 제 아이가 그런 대접을 받도록 기르지 않았습니다."(다니엘 어머니)

**8** 자크와 다니엘은 호기롭게 집을 나가긴 했지만, 집 밖의 세상도 만만하지 않음을 느낍니다. 먹을 것, 잠잘 곳, 있을 곳을 위해 계속해서 거짓말을 지어내야 했습니다. 다니엘은 자크를 따라 가출한 것을 후회하기도합니다. 자크 또한 어른들에게 자신의 의지를 보여주지 못한다면 죽어버리겠다는 굳은 결심도 조금씩 약해짐을 느낍니다. 서로에게는 다 털어놓을 수 없을 것 같은 비밀도 하나둘씩 생겨납니다. 이렇게 자크와 다니엘의 가출 상황은 그들의 생각과는 전혀 다르게 전개되는데요. 이러한 '가출소동'을 통해 자크와 다니엘이 깨달은 것은 무엇일까요?

> "아아, 자크를 따라온 것이 잘못이었다. 왜 유혹에 지고 말았을까?"
> (p.139)
> "오늘 저녁까지 다니엘을 찾지 못한다면 이 요드팅크를 먹여버려야지.
> 자크는 굳은 결심을 더욱 굳게 하려고 목소리를 약간 높여서 맹세를
> 하였다. 그러나 마음속으로는 자신의 용기를 조금 의심하고 있었다."
> (p.150)
> "다니엘은 자크는 물론, 그와의 우정을 무척 존중하고 있었다. 처음으
> 로 다니엘은 자크에게 무엇인가를, 아주 중대한 무엇인가를 숨기지 않
> 을 수 없었다. 그들 사이에 이렇게 커다란 비밀이 가로놓이게 될 줄은
> 꿈에도 생각지 못했다."(p.151)

**9**    자크의 아버지는 집으로 돌아온 후에도 자크가 반성하는 태도를 보이지 않자 크게 실망합니다. 냉담한 아버지는 결국 자크를 감화원이라는 청소년 훈육기관에 보내기로 하는데요. 신부님은 '회개하는 마음'으로 받아들이라고 합니다. 자크는 깊은 절망감을 느끼며 마지막으로 다니엘에게 편지를 쓰면서 자살을 암시합니다. 여러분이라면, 이 소설의 결말을 어떻게 마무리하시겠습니까? 상상력을 발휘해 주세요.

**10**   이 책을 청소년들에게 추천하시겠습니까? 이유와 함께 이야기해봅시다.

# 양심이 가리키는 길

> "
> 명예는 밖으로 나타난 양심이며
> 양심은 내부에 깃든 명예이다.
> ― 쇼펜하우어 ―
> "

**『양심 팬티』**

마이클 에스코피어 글 | 크리스 디 지아코모 그림 | 꿈터

'양심'이라는 단어의 사전적 설명을 찾아보면 '사물의 가치를 변별하고 자기의 행위에 대하여 옳고 그름과 선과 악의 판단을 내리는 도덕적 의식'이라 되어 있습니다. 이 설명은 우리가 인생에서 만나는 많은 일들 앞에서 '양심'이 작용할 때 어떤 태도를 가져야 하는지에 대한 지침까지 보여주는 듯합니다. 옳고, 선한 일을 선택하여 도덕적 의무를 다하라는 의미를 내포하고 있으니까요.

　마이클 에스코피어의 『양심 팬티』는 양심에 경종을 울리는 그림책입니다. 이야기의 주인공은 카멜레온 '레옹'입니다. 처한 환경에 따라 색을 바꾸는 '카멜레온'은 상황에 따라 양심을 저버리는 이야기에 꼭 맞는 주인공이라 생각됩니다. 레옹은 아침밥을 너무 잘 먹은 후 급하게 화장실이 가고 싶어집니다. 몸을 숨길 만한 장소를 찾아서 시원하게 볼 일을 보았는데 아뿔싸, 휴지를 준비하지 못했습니다. 나뭇잎은 까칠까칠해서 똥꼬가 아플 것 같고, 이끼는 엉덩이에 덕지덕지 붙을 것 같습니다. 두리번거리던 레옹은 마침 나무 가지에 걸려있는 '팬티'를 하나 발견합니다. 아무렇게나 버려져 있고, 구멍도 나고 낡았다는 나름대로의 이유를 대며 그 팬티로 엉덩이를 닦고 아무렇지도 않게 '툭' 수풀 속으로 던져 버리고 맙니다.

　양심은 본능 안에 잠재되어 있는 것이 아니라 교육에 의해 만들어집니다. 옳은 것, 선한 것이 어떤 것인지 배우지 않으면 판단할 수 없습니다. 레옹은 양심에 대해 생각해보지도 못한 것처럼 천진하게 행동합니다. 하지만 수풀을 그냥 떠날 수 없었습니다. 마음속에 있는 양심 친구가 불렀거든요. "잠깐, 지금 뭐하는 거지?"하고 말입니다. 누구냐고 묻는 레옹에게 돌아온 대답은 바로 "난 네 양심이다."였습니다.

양심 친구는 레옹에게 무엇이 잘못되었는지를 알려줍니다. 주인을 알 수 없다고 해서 남의 물건을 허락 없이 아무렇게나 쓰고 아무데나 버린 것은 옳지 않은 행동임을 가르쳐줍니다. 레옹은 팬티를 찾아 깨끗이 빨아 제자리에 가져다 둡니다. 다시는 그런 행동을 하지 않겠다고 다짐을 하면서 말입니다. 레옹이 팬티라고 여겼던 것은 사실 토끼 친구의 '액션 가면'이었습니다. 레옹이 다시 갖다 놓는 바람에 찾을 수 있었지요.

사실 양심에 따라 행동하는 데는 용기가 필요합니다. 자신의 잘못을 인정해야 하거나 손해를 보는 경우도 생기게 되니까요. 그러나 양심을 지켰다는 뿌듯함과 잘못된 길을 선택하지 않았다는 자부심이 생기게 되겠지요. 이런 마음들은 우리 인생을 지탱하는 든든한 주춧돌이 될 수 있습니다.


러시아의 문호 도스토예프스키의 『죄와 벌』도 이 '양심'에 대해 다루고 있는 작품입니다. 가난한 학생 라스콜니코프는 선택된 강자는 인류를 위하여 사회의 도덕률을 딛고 넘어설 권리가 있다는 결론에 도달하여 '이(蝨)'와 같은 고리대금업자 노파를 죽여 버립니다. 영웅 의식에 사로잡혀 양심을 저버린 것입니다. 그러나 그는 행복하지 않습니다. 마음 깊은 곳에서 살아나온 양심이 죄의식을 만들어냈으니까요. 레옹의 양심처럼 "지금 뭐하는 거지?"라고 물었을 것입니다. 그는 죄의식의 중압감을 견디지 못하고 결국 자수하여 시베리아 유형지로 떠나게 됩니다. 완전히 늦기 전에 양심이 가리키는 길을 똑바로 바라보았기에 라스콜니코프는 소냐를, 레옹은 '토끼' 친구를 잃지 않게 된 것입니다.

# 인간의 의식아래 깊숙이 존재하는 것

> **"**
>
> 예술가란 보다 높은 사실성을 바탕으로 눈에 드러나 있는 것과는
> 일치하지 않는 것처럼 보이는 진리를 인식하는 자이다.
>
> —슈테판 츠바이크—
>
> **"**

**『죄와 벌』**

표도르 도스토예프스키 지음 | 이규환 옮김 | 푸른숲주니어

여러분은 가끔씩 '낯선 자신의 모습'때문에 당황한 적이 있나요? 저는 생각과는 전혀 다르게 행동하는 '내 모습'을 보고 스스로도 놀랄 때가 자주 있습니다. 마음속으로는 내켜하지 않으면서도 '좋다'고 말하거나, 마음에도 없는 말이 툭하고 튀어나와서 난감할 때가 그렇지요. 그럴 때면, '인간이라는 존재는 참으로 복잡하고도 오묘하다.'라는 생각을 하곤 합니다. 인간은 결코 단순하게 설명될 수 없고, 이해될 수 있는 존재가 아니라는 것을 알게 됩니다. 누구나 공감하는 말일 텐데요. 그것은 인간에게는 표면으로 드러나는 것으로 알 수 없는 내면이 있기 때문입니다. 그 내면은 워낙 인간의 마음 깊숙이 자리 잡고 있어서 잘 보이지도 않고 잘 드러나지도 않지만 분명 내면의 세계는 인간에게 존재하고 있습니다. 하지만 그것을 일부러 파고들지 않는다면 인간은 스스로의 내면에 가 닿을 수 없습니다. 내면의 세계에 무엇이 있는지 알려 하지 않는다면 앞에서 언급했던 것처럼, '나도 모르는 나'가 수시로 자신을 혼란스럽게 할지도 모릅니다. 그렇다면, 숨겨진 내면을 그대로 두고 의식하지 못한 채 살아가는 게 나을까요? 아니면 그 심연에 닿기 위한 노력을 게을리 하지 않는 것이 나을까요? 언제나 삶에 대한 질문은 스스로 찾아가야만 합니다. 그런 의미에서 도스토예프스키의 『죄와 벌』은 인간의 깊숙한 심층부에 자리 잡고 있는 인간의 어두운 내면을 파헤쳐 우리의 곁으로 데려옵니다. 인간내면에서 작동하는 어둠과 빛의 메커니즘을 한 인간의 고뇌를 통해 보여줍니다.

좁고 어두운 하숙방에서 근근이 살아가는 법대생 라스콜리니코프가 시급히 해결해야 할 문제는 돈입니다. 밀린 하숙비 독촉으로 주인 아주머니를 피해 다닌 것도, 학비가 없어 학업을 중단한 것도, 여동생 두냐가 교양 없는 사기꾼 같은 남자와 결혼을 하려는 것도 모두 돈 때문에 일어난 일입니다. 라스콜리니코프는 자신과 같이 지적인 사람이 돈 때문에 이런 어려움을 당하면 안 된다고 생각합니다. 자신은 이 세상에서 특별한 사람이라고 스스로 생각합니다. 그래서 사회에서 다른 사람에게 나쁜 영향을 끼치는 사람의 삶은 가치가 없다는 생각에 이르게 됩니다. "쓸모없는 노파 한 사람을 죽여서 그의 재산으로 전도유망한 가난한 젊은이를 돕는 게 더 가치 있는 일이다"라고 자신의 생각을 논리화시킵니다. 라스콜리니코프는 자신의 이런 논리가 한 치의 오차도 없는 합리적인 이성에 근거한 판단이라고 여깁니다. 그리고 정말로 자신의 생각을 행동으로 실천할 수 있는지를 증명해 보이기 위해 전당포 노파를 도끼로 찍어 죽입니다. 그런데 그 자리에 있던 노파의 이복동생 리자베타도 함께 죽이게 됩니다.

예상치 못한 살인까지 하게 된 라스콜리니코프는 줄곧 정신착란을 일으키며 엄청난 정신적 고통으로 피폐해져 갑니다. 죽어가는 영혼, 라스콜리니코프에게 구원의 손길을 내민 사람은 사회에서 천대받는 하층민 소냐입니다. 가족을 위해 희생하는 소냐의 맑은 영혼에 이끌린 라스콜리니코프는 자신의 범행을 털어놓습니다. '한 사람이 살아있을 가치를 판단할 권리가 인간에게 있는가?' 라는 소냐의 말에 어둡고 깊은 내면을 드려내는 라스콜리니코프! 그 동안 자신이 굳게 믿고 있던 '쓸모없는 한 인간의 희생으로 가난한 사람 여럿을 구한다.'라는 잘못된 논리는 소냐의 강한 내면의 힘에 무릎을 꿇게 됩니다.

소냐에 의해 구원된 라스콜리니코프는 이제 더 이상 과거의 라스콜리니코프가 아닙니다. 그의 내면세계는 한층 두터워지고 견고해졌습니다. 시베리아 유형지에서의 형편없는 식사나, 고된 노동도 라스콜리니코프의 평온한 의지를 꺾지 못합니다. 죄에 대한 처벌이 아닌, 스스로 내면의 어두운 면을 들여다보았을 때 비로소 거기에 가 닿을 수 있었던 것입니다. 도스토예프스키의 『죄와 벌』은 우리를 의식 아래 깊숙이 존재하는 인간의 내면을 탐구할 수 있게 이끕니다. 이성과 논리로는 설득될 수 없는 삶의 정수를 만나게 될 것입니다.

"의식으로써 해결할 수 있는 것은 아무것도 없으리라. 그는 오직 느낄 따름이었다. 변증법 대신에 삶이 도래했고, 의식 속에서는 뭔가 완전히 다른 것이 생겨나야 했다."_『죄와 벌』2권, 민음사, p.498

1 카멜레온 '레옹'이 내 것이 아닌 물건을 마음대로 사용하고도 양심에 꺼리길 것 없이 행동할 수 있었던 이유는 무엇일까요? 왜 좀더 일찍 양심이 나타나지 않았을까요?

2 우리 주위에는 사소한 일에서부터 사회에 영향을 미치는 큰일에 이르기까지 양심이 없는 행동을 하는 사례들이 많이 보입니다. 어떤 것들이 있는지 예를 들어보세요.

3 양심의 소리에 귀를 기울이려면 선택의 순간에 어떻게 행동해야 할까요? 양심이 작동하게 하는 선택의 기준에 대해 생각해보세요.

4 인간의 심연을 집요하게 파고드는 도스토예프스키의 『죄와 벌』은 가난한 법대생이 전당포의 노파와 그녀의 여동생을 죽이고 심한 죄책감 속에서 한 소녀에 의해 구원을 받는다는 이야기입니다. 여러분은 이 책을 어떻게 읽으셨습니까? 책을 읽은 소감을 나누어 봅시다.

5  명문대에 다니고 있지만 돈이 없어 학교도 다니지 못하고 끼니
도 제대로 먹지 못하는 라스콜리니코프는 술집에서 우연히 만난
9등 문관 마르멜라도프와 대화를 나눕니다. 마르멜라도프는 술
주정뱅이로 아내의 양말까지 술로 바꿔서 먹는 인물입니다. 사람
들은 무능력한 마르멜라도프를 비웃고 업신여깁니다. 그는 가난
은 희망이 없어지는 것이기 때문에 죄악이라고 말합니다. 따라서
'가난하면 스스로를 모욕하려 든다.'라고 목소리를 높이는데요.
여러분은 '가난은 스스로를 모욕한다.'라는 아래의 말에 대해 어
떻게 생각하시나요? 가난에 대해 생각해 봅시다.

> 가난은 죄가 아니라는 말은 진리입니다. 술에 취해 사는 게 옳은 일이
> 아니라는 것도 맞고요. 그러나 완전히 빈털터리가 되면 달라집니다. 그
> 건 죄악이지요. 사람이 정도껏 가난하면 고결한 성품을 지킬 수 있지
> 만, 아예 알거지가 되고 나면 고상함과는 거리가 멀어지니까요. 그쯤
> 되면 자기가 먼저 스스로를 모욕하려 들지요. 그런데 선생! 한 달 전쯤
> 에 레베쟈트니코프가 내 아내를 때렸습니다. 아내는 저와 격이 다른 귀
> 족출신인데도 말입니다. 아시겠어요? (p.19)

6  주인공 라스콜리니코프는 자신을 남들과는 특별한 존재로 생각
합니다. 반면에 전당포 노파는 사회에 나쁜 영향만을 끼치는 이
(蝨)같은 존재, 죽어도 괜찮은 존재로 여기며 그녀를 살해하기
에 이릅니다. 여러분은 '고약한 노파 한 사람을 죽여서 그 재산
으로 선량한 사람을 여럿 구하는 게 더 가치 있는 일'이라는 라
스콜리니코프의 주장에 대해 어떤 생각이 드시나요? 의견을 나
눠 봅시다.

생각을 해봐. 다른 사람들한테 해만 끼치는 탐욕스럽고 무가치한 노파가 있어. 자기가 왜 사는지도 모르고, 또 얼마 안 있으면 어차피 죽을 목숨이야. 다른 한편에는 도움이 절실하게 필요한 젊은이가 있지. 그런 사람은 곳곳에 널렸어. 수도원에 기부하기로 한 돈만 있다면 다시 살아날 수천 가지의 좋은 사업과 계획이 있다고! 과연 이 고약한 노파의 삶이 그에 비해 가치가 있을까? 단 한 번의 범죄를 수천 가지의 선행으로 용서받을 수는 없을까?

물론 그 노파는 살아 있을 가치가 없어. 그렇다 해도 자연의 법칙이란 게 있잖나? (p.47)

**7** 라스콜리니코프는 "그 악랄한 노파를 죽여도 전혀 양심의 가책을 느끼지 않을"것으로 판단하고 계획적으로 노파를 죽입니다. 하지만, 노파를 죽이는 과정에서 그 자리에 있던 죄 없는 착하고 선량한 노파의 이복동생까지 죽입니다. 경찰들은 끊임없이 그를 의심하며 뒤를 쫓습니다. 살인 사건 이후, 그는 심한 정신착란과 우울증에 시달립니다. 경찰들이 자신을 살인자로 의심한다는 불안감과 죄 없는 리자베타를 죽였다는 죄책감에 고통을 받는데요. 예상과 달리 그가 이토록 고통스러워하는 이유는 무엇일까요?

라스콜리니코프는 한기로 몸을 떨면서 계속 생각에 잠겼다. 그는 자신이 약해지고 있다는 걸, 특히 육체적으로 많이 허약해져 있다는 걸 깨달았다. 순간 그런 자신에게 혐오감이 느껴졌다. '이렇게 고통스러워질 줄은 몰랐어. 왜 내가 그런 짓을 했을까? 아냐, 그 노파 따위가 뭐라고! 나는 사람을 죽인 게 아니라 원칙을 죽인 거야. 결국 그걸 뛰어넘지는 못했지만. 아니, 노파보다 내가 더 추악해. 아, 이건 비열한 짓이야. 하지만 그 노파 따위를 도대체 누가 용서할 수 있단 말이야?(p.176)

8 지적이고 오만한 법대생 라스콜리니코프는 누구에게도 자신의 내면의 고통을 표현하지 않습니다. 하지만 사회에서 가장 천대받는 하층민 소냐를 찾아가 노파와 그녀의 여동생을 죽인 사실을 고백합니다. 이에, 소냐는 그에게 "고통으로 속죄"(p.261)해야 한다고 위로합니다. 라스콜리니코프는 소냐를 바라보면서 자신을 향한 그녀의 사랑이 얼마나 깊은지를 깨닫게 되는데요. "라스콜리니코프는 진정한 성인(聖人)을 만나고 있다는 느낌에 사로잡힙니다."(p.208) 그렇다면, 소냐의 그 무엇이 라스콜리니코프의 마음을 움직였을까요? 소냐에게 있는 힘은 무엇일까요? 의견을 나누어 봅시다.

> 소냐의 두 눈을 보면서 라스콜리니코프는 깨달았다. 그녀는 끝없는 절망에 빠져 보았기에, 고통을 단번에 끝낼 수 있는 죽음을 수없이 결심해 보았기에, 그의 말에 이처럼 담담할 수 있는 것이었다.(p.208)

9 라스콜리니코프는 자수를 하고 재판을 받습니다. 재판 과정에서 라프콜리니코프는 끝내 자기를 변호하려 들지 않았고, 범죄를 저지른 이유도 그저 돈이 필요했기 때문이라고 말합니다. 재판부는 그가 지갑 속 돈과 금품을 조금도 쓰지 않았다는 점, 훔친 물건의 수를 기억하지 못한다는 점 등으로 그의 범죄는 특별한 이득을 얻으려고 저지른 것이 아니니, 일시적인 정신 착란 때문에 일어난 일로 결론을 내립니다. 범죄 후 고통스러워하던 라스콜리니코프는 시베리아 유형지의 감옥에서 마음의 평온함을 느낍니다. 이렇게 소설은 마무리가 되는데요. 여러분은 이 책을 통해 도스토

예프스키가 말하고자 하는 '죄'와 '벌'은 각각 무엇이라고 생각하시나요?

> 라스콜리니코프를 꺽어 버린 것은 고된 노동이나 박박 깎은 머리, 누더기 같은 옷이 아니었다. 오히려 그는 힘겨운 노동을 기꺼이 반겼다. 바퀴벌레가 뜨는 멀건 양배추 국물도 문제가 안 되었다. 발에 채워진 쇠고랑도 금세 익숙해졌다. 그가 부끄러워한 것은 오로지 상처 입은 자존심이었다. (p.321)

**10** 도스토예프스키의 『죄와 벌』이 지닌 가치, 어떻게 평가하십니까?

# 편견은 버리고, 친구는 얻어요.

> **"**
>
> 편견은 내가 다른 사람을 사랑하지 못하게 하고
> 오만은 다른 사람이 나를 사랑할 수 없게 만든다.
>
> — 제인 오스틴 —
>
> **"**

**『샤를의 모험』**
글 알렉스 쿠소 | 그림 필리프–알리 튀랭 | 키즈엠

인간은 누구나 자신이 갖지 못한 것에 대한 꿈을 꿉니다. 그래서 그 꿈을 찾아 도전하기도 하고 모험을 떠나기도 하지요. 라이트 형제는 날고 싶다는 인간의 꿈을 실현하기 위해 수천 번의 실패를 감수하며 비행기를 만들어냈습니다. 한비야는 오지를 여행한 경험을 바탕으로 구호활동가로 거듭납니다. 시인 류시화는 인도의 구도자들을 찾아가 삶의 철학을 배우고, 통찰을 배워, 자신의 삶을 풍요롭게 하는 '명상'과 동행할 수 있게 됩니다. 자기를 찾아 떠나는 여행은 인생의 참 기쁨을 발견하게 합니다.

알렉스 쿠소가 글을 쓰고, 필리프-앙리 튀랭이 그림을 그린 『샤를의 모험』은 여행을 통해 소중한 친구를 찾는 행복한 이야기입니다. 주인공 샤를은 예쁘고 큰 눈을 가진 아기용입니다. 샤를에게는 하나의 문제가 있었는데 그것은 바로 친구가 없어 늘 외롭다는 점입니다. 그래서 샤를은 1825년 가을, 친구를 찾기 위한 여행을 떠납니다. 여행을 하던 어느 날, 샤를은 한 무리의 무당벌레를 만납니다. 그리고 그 가운데 한 마리가 샤를의 코허리에 앉아 말을 겁니다.

"요호, 샤를! 안녕? 난 앙투아네트야. 네가 친구를 찾고 있다고 들었어. 우리랑 친구 하지 않을래?"

하지만 샤를은 쓸쓸한 표정으로 거절합니다. 샤를에게는 '파리' 친구가 있었는데, 고작 일 년 밖에 살지 못하고 하늘나라로 떠나 버려 이별의 아픔을 또 겪고 싶지 않다는 것이었습니다. 자신은 수 백 년을 넘게 사는 드래곤이니까요. 무당벌레 앙투아네트는 샤를의 마음을 존중하며 샤를 곁을 떠납니다.

다시 여행을 계속하던 샤를은 북극에 도착해 아기 바다코끼리와 친구가 되려 합니다. 하지만 엄마 바다코끼리가 나타나 샤를을 거칠게 밀쳐버립니다. 조금 쉬려고 이글루 근처로 갔을 뿐인데 작살을 들고 달려오는 에스키모 아저씨도 샤를을 공격합니다. 친구를 찾아 헤매는 샤를의 여정을 따라가다 보면 '편견'에 대해 생각하게 됩니다. 사람들은 종종 나와 다른 존재에게 차가운 시선을 보냅니다. 샤를도, 바다코끼리 아줌마도, 에스키모인도 자신과 다른 존재에 대한 편견에서 벗어나지 못했습니다.

샤를은 북극을 떠나 레몬 향기 가득한 어느 따뜻한 섬에 도착합니다. 친구를 많이 사귈 수 있을 거라는 기대감에 한 컷 부풉니다. 하지만 섬에 사는 외눈박이 거인은 친구하자는 샤를의 말에 코웃음을 치며 샤를을 한 손에 잡아들고 갑니다. 잡혀 먹힐 신세가 되고 만 것입니다. 외눈박이 거인이 막 샤를을 잡아먹으려는 순간, 열 마리의 무당벌레가 샤를의 날개 주름 속에서 나타나 외눈박이 거인의 눈을 공격합니다. 그 틈에 샤를은 동굴 밖으로 도망을 치지요. 그리고 샤를은 무당벌레들을 위해 꽃가루 알레르기를 참으며 꽃밭에 머리를 파묻습니다. 복수의 재채기로 불을 뿜어 거인을 해치우고 무당벌레들을 살립니다. 샤를과 무당벌레 앙투아네트는 서로를 위할 줄 아는 진정한 친구가 되었습니다.

『샤를의 모험』은 우리에게 소중한 것을 얻는 지혜를 알려줍니다. 진정한 친구를 얻으려면 '편견'을 버리라고 이야기하지요. 나를 둘러싸고 있던 수많은 편견에서 벗어나 자유로워질 때 우리는 또 다른 세상을 만날 수 있습니다. 덩치 큰 샤를이 작디작은 무당벌레 앙투아네트와 친구가 된 것처럼, 『허클베리 핀의 모험』의 주인공 허크가 흑인 노예 짐과 친구가 된 것처럼, 새로운 세상, 새로운 친구를 얻으려면 편견에서 벗어나야 한답니다.

# 아이는 어떻게 어른이 되는가

> "
> 소년 시절에는 누구나 한 번쯤 어디론가 가서 숨겨진 보물을
> 파보고 싶어 온몸이 근질거리는 욕망에 사로잡히기 마련이다.
>
> ―마크 트웨인―
> "

**『허클베리 핀의 모험』**

마크 트웨인 지음 | 김욱동 옮김 | 푸른숲주니어

여러분은 하루 동안 자신이 무엇을 하는지 관심을 가져 본적이 있나요? 식사를 하고, 씻고, 공부하고, 학교와 일터에 가고, 또 씻고 잠이 드는 순간까지. 과연 내 삶의 순간은 무엇으로 채워지고 있나요? 가만히 생각해 보면 우리는 매일 끊임없이 반복되는 일상으로 하루하루를 살아가고 있다는 것을 깨닫게 될 것입니다. 어제와 비슷한 오늘의 삶은 어제와 크게 다르지 않은 내일을 만들 뿐이지요. '순간의 합이 모여서 인생이 된다.'라는 말이 있습니다. 다양하고 폭넓은 경험의 양이 늘어날수록 자신의 삶도 풍요로워질 테지만, 그렇다고 당장 해야 할 일을 내팽개치고 새로운 경험을 하겠다고 집을 나서기도 쉬운 일이 아닙니다. 하지만 체념하고 포기하기엔 이릅니다. 우리를 흥미진진하고 박진감 넘치는 모험의 세계로 이끌어줄 마크 트웨인의 『허클베리 핀의 모험』과 같은 일들이 우리 인생에는 가득하기 때문이죠.

마크 트웨인은 '미국 문학의 아버지'로 불리는 작가입니다. 『허클베리 핀의 모험』은 미시시피 강을 배경으로 펼쳐지는 백인 소년 핀의 흥미진진한 모험담입니다. 이 책의 문체는 현장의 생생함이 마치 눈앞에서 펼쳐지는 듯한 착각을 불러일으킵니다. 또한 작가는 시종일관 박장대소하게 만드는 풍부한 유머 구사력을 보여주면서도 당대의 미국 사회가 품고 있는 문제에 대한 비판의식을 놓치지 않습니다. 헤밍웨이는 "모든 미국 문학은 『허클베리 핀의 모험』

에서부터 나온다."라는 말을 남기기도 했습니다.

    미국 세인트 피터스버그의 작은 마을에 사는 소년 허클베리 핀은 '모험의 대가'입니다. 한때 핀은 같은 마을에 사는 더글러스 부인의 양자로 들어가서 보살핌을 받지만 그들의 엄격한 가정교육에 답답함을 느낍니다. 핀은 자유롭게 살고 싶을 뿐입니다. 마침 아들 핀을 찾아온 술주정뱅이 아빠와 다시 살게 되지만 아빠의 심한 매질로 다시 집을 탈출하고 모험을 떠납니다. 핀은 뗏목을 타고 미시시피 강을 따라 가다가 조그만 잭슨 섬에 숨어듭니다. 그 섬에서 주인집을 탈출한 흑인 노예 짐을 만나게 되고, 둘은 진한 우정을 나누게 됩니다. 이 후 핀과 짐은 기상천외한 모험을 겪습니다. 마을을 돌아다니며 온갖 사람들을 만나고 다시 뗏목으로 돌아와 마음의 안식을 얻는 생활이 반복됩니다. 그러다가 난파선에 올라탔다가 강도들에게 쫓겨 가까스로 목숨을 건지기도 하고, 자신들을 왕과 공작이라고 칭하는 사기꾼들의 음모에 휘말려 사람들을 속이고 돈을 모으는 사기극에 가담하기도 합니다.

    핀과 짐은 뗏목에 몸을 실은 채 자유롭게 떠다닙니다. 이들의 모습을 통해 우리는 우리에게도 '언제든, 어디로든 떠나는 모험을 하고 싶다'라는 열망이 있다는 사실을 알게 됩니다. 아리스토텔레스는 "인간은 태어나면서부터 알고 싶어 한다."라고 했습니다. 여기서 '알고 싶다'라는 의미는 내가 미처 몰랐던 '새로운 것'을 말합니다. 예상치 못한 일들을 해결해 나가면서 인간은 타인과 함께 살아가는 법을 배우고, 그로써 세상을 이해하는 눈을 뜨게 됩니다. 한바탕 모험을 겪고 나면 한 뼘씩 성장해 있는 자신을 발견하게 되는 것입니다. 우리는 누구나 자유롭게 살기를 원합니다. 허클베리 핀처럼 미지의 모험을 열망합니다. 그런 점에서 우리는 누구나 잠재적 '허클베리 핀'인 것입니다.

이 책의 배경이 되는 당시 미국은 노예 제도가 성행했던 시기였습니다. 피부색깔이 검다는 이유로 흑인들은 백인들로부터 심한 차별을 당했지요. 책에 등장하는 흑인 짐은 자유를 얻고자 주인집을 탈출합니다. 노예 제도는 노예를 하나의 인격체로 보지 않고 물건처럼 소유하는 비인간적인 제도입니다. 노예 제도의 역사를 거슬러 올라가 보면 기원전 3500년 경 부터 고대 그리스와 이집트, 중국과 인도에서 있어 왔습니다. 우리나라 최초의 국가 고조선에서도 "남의 물건을 훔친 자는 그 집의 노비로 삼는다."라는 기록이 있는 것으로 보아 '노비'라는 제도가 이미 오래전부터 존재했다는 것을 알 수 있습니다. 그러다가 15세기 대항해 시대를 맞아 유럽의 열강들이 서아프리카의 흑인들을 유럽으로 강제로 끌고 오면서부터 흑인 노예들이 생겨나기 시작했습니다. 17세기부터 미국으로 잡혀온 노예들은, 농장에서 가혹한 학대를 받으면서 일을 하게 되었지요. 미국에서는 남북전쟁 후 노예들이 자유를 얻게 됩니다.

이런 상황에서 핀과 흑인 노예 짐이 나누는 우정은 잔잔한 감동을 줍니다. 사기꾼 왕과 공작이 짐을 펠프스 농장에 팔아넘기자,

핀은 자신의 진정어린 친구 짐을 구출해내기 위해 또 다시 위험천만한 모험을 감행합니다. 짐을 구출하는 일은 당시의 사회적 규범을 깨고 진정한 양심을 쫓아 살겠다는 핀의 의지를 보여줍니다. 또한 핀에게 짐을 구해내는 일은 위험을 감수하겠다는 용기가 있었기에 가능했습니다. 핀이 짐을 구할 결심을 하지 않고 그를 잊고 살았더라면 짐은 어떻게 되었을까요? 평생을 강제 노역에 시달리며 고통 속에 살았을 겁니다. 한 사람의 용기는 누군가의 삶을 송두리째 바꿔 놓을 수도 있는 것 아닐까요? 짐을 통해 진정한 우정을 알게 된 핀은 외칩니다.

"좋아, 난 지옥에 가더라도 짐을 구하러 가겠어."

작가는 인종을 넘어서는 인간애를 보여줍니다. 피부 색깔이 검다는 이유로 인간을 차별하는 것이 얼마나 야만스러운 행동인지를 순수한 영혼을 가진 핀의 행동으로 드러내고 있는 것이지요. 트웨인은 "한 개인의 기질은 불굴의 법이기 때문에 어느 누가 찬성하지 않더라도 존중되어야 한다는 것이 내 신념이다. 인간은 자신의 약하고 어리석은 특징을 스스로 만들지도 않았고 계획하지도 않았기 때문이다."라고 말합니다.

무엇보다 이 책을 읽으면서 기억해야 할 점은 바로 책의 맨 처음부분에 실린 '무시무시한(?) 경고장'입니다.

이 이야기에서 어떤 동기를 찾으려고 하는 자는 기소할 것이다.

이 이야기에서 어떤 교훈을 찾으려고 하는 자는 추방할 것이다.

이 이야기에서 어떤 플롯을 찾으려고 하는 자는 총살할 것이다.

-지은이의 명령에 따라, 군사령관 G. G_『허클베리 핀의 모험』, 민음사

위의 경고대로 우리는 이 책이 선사하는 모험을 제대로 느껴야 할 것입니다. 모험이란 위험을 무릅쓰고 하는 일을 말합니다. 자신에게 어떤 위험이 닥칠지 모릅니다. 따라서 모험은 '예견'할 수 있는 게 아닙니다. 아니 어쩌면 결과가 정해져 있는 모험은 '진정한 모험'이 아닐지도 모릅니다. 바로 이 책을 읽는 행위 자체가 우리에게는 '예견되지 않은 모험'일 것입니다. 그러니, 읽으면서 가슴이 쿵쾅거리고, 손에 땀을 쥐게 되었다면 우리는 신나는 모험을 하기 시작한 것입니다. 이러한 '모험의 순간들'이 나무의 나이테처럼 켜켜이 쌓이며 우리는 어른이 되어갑니다. 그러니, 쓸데없는 '모험'이란 있을 수 없는 것입니다. 이 책을 통해 여러분의 행동의 반경(半徑)을 무한히 넓혀 보시길 바랍니다.

"한 개인의 기질은 불굴의 법이기 때문에 어느 누가 찬성하지 않더라도 존중되어야 한다는 것이 내 신념이다. 인간은 자신의 약하고 어리석은 특징을 스스로 만들지도 않았고 계획하지도 않았기 때문이다."_ 마크 트웨인

1  1. 소설가 프란츠 카프카는 고교시절 친구 오스카 폴락에게 "너는
나에게 창문과도 같은 존재야. 나는 그 창문을 통해 밖을 내다 볼
수 있지. 혼자서는 할 수 없어. 나는 키가 큰데도 창틀에는 미치지
못하지 때문이지."라고 편지를 보냈습니다. 평생을 친구와의 우정
을 소중히 생각한 프란츠 카프카는 "친구란 세상으로 난 창문이
다."라고 말하는 데요. 마찬가지로 그림책 『샤를의 모험』에서 샤를
도 진정한 친구를 찾기 위해 여행을 떠납니다. 여러분에게 친구란
어떤 존재인가요? 가까운 친구를 떠올리면서 다음의 칸을 채워
보세요.

> 친구란 _____ 존재이다.

2  우리는 편견과 선입견에 가로막혀 그 사람의 진면목을 보지 못
하는 경우가 많습니다. 여러분에게도 이러한 경험이 있나요? 이
야기를 나눠 봅시다.

3  앙투아네트는 샤를의 거절에도 불구하고 끝까지 샤를과 함께 했
습니다. 덕분에 진정한 친구를 얻었습니다. 앙투아네트의 입장이
되어 그렇게 할 수 밖에 없었던 이유를 설명해보세요.

4  마크 트웨인의 『허클베리 핀의 모험』은 미국 남부를 배경으로 펼
쳐지는 핀의 모험담입니다. 여러분은 이 책을 어떻게 읽으셨나
요? 책을 읽은 소감을 나눠 봅시다.

5 　허클베리 핀은 흑인 노예 짐과 진한 우정을 나눕니다. 당시 미국 사회는 흑인들을 인격을 가진 인간으로 대우하지 않는 것이 사회적 통념이었는데요. 핀은 이러한 사회적 규범을 넘어서서 자신의 양심대로 행동합니다. 여러분은 이러한 핀의 행동에 대해 어떻게 생각하나요? 의견을 나눠봅시다.

> 얼마 전에 노예 상인이 집에 온 거야. 나는 더럭 겁이 났지. 왓슨 마님이 더글러스 아줌마하고 얘기를 나누고 있었는데, 나를 올리언스 지역에 내다 팔기로 결정했다는 거야. 물론 왓슨 마님도 날 파는 것이 썩 내키진 않지만, 팔백 달러라는 큰돈을 받을 수 있으니 어찌할 수 없다고 했어. 더 이상 듣고 있을 수가 없더군. 그래서 걸음아 날 살려라, 하고 도망친 거지.(p.56)

6 　여러분이 '모험'을 떠나고 싶을 때는 언제인가요? 이유와 함께 나눠 봅시다.

7 　허클베리 핀은 더글러스 부인의 엄격한 교육에 답답함을 느낍니다. 그래서 결국 집을 뛰쳐나오고 마는 데요. 여러분은 이런 허클

베리 핀의 행동에 대해 어떻게 생각하시나요? 이야기를 나눠 봅시다.

> 얼마 후, 나는 더글러스 아줌마의 양자로 들어갔다. 아줌마는 나를 교양 있는 아이로 만들기 위해 무진 애를 썼다. 어찌나 엄격하게 매사에 격식을 따지는지 갑갑해서 기절할 지경이었다. 결국 나는 아줌마의 잔소리를 참지 못하고 그 집을 뛰쳐나와 버렸다. 옛날에 입던 누더기를 걸친 채 커다란 설탕 통에 일단 숨었다. 그렇게 얼마간 숨어 있다가 다시 자유로운 생활을 만끽할 요량이었다. (p.10)

**8** 다음 두 인물의 성격을 파악해 보고 각각 누구인지 말해 봅시다.

> 난 난파선 같은 데 올라가서 기웃거리기 싫어. 지금 우리는 뭐 하나 부러울 것 없이 잘 지내고 있잖아. 성경에 나오는 말처럼 아무런 부족함이 없는데 괜히 욕심내는 것은 좋지 않은 화를 불러올 수도 있어. 어쩌면 저 난파선에 망을 보는 사람이 있을 지도 몰라.(80쪽)

> 겁쟁이. 저렇게 엉망이 된 배를 지키려고 밤중에 목숨을 내걸 사람이 어디 있어? 게다가 선장실에 있는 값나가는 물건을 슬쩍 빌려 올 수 있을지도 모르잖아. 시거 담배쯤은 흔하디흔할 거야. 얼른 가 보자. 저 난파선을 내버려 두고 내가 그냥 지나갈 것 같아? 만약 톰이 저걸 봤다면 절대 머뭇거리지 않았을걸. 설령 목숨이 위험하다 하더라도 모험이라고 하면서 난파선에 올랐을 텐데. 아, 톰이 함께 있었으면 얼마나 좋을까?(p.80)

9   허클베리 핀과 짐은 모험 중에 사기꾼들을 만나서 서로 협력하
    며 모험을 이어나가는데요. 결국 그 사기꾼들은 짐을 사십 달러
    를 받고 노예장사꾼에게 팔아 버립니다. 그 사기꾼들이 짐을 팔
    아넘기면 안 되는 이유를 설득력 있게 말해보세요.

    > 사기꾼들은 짐을 단돈 사십 달러에 팔아 버렸다. 나는 다시 뗏목으로
    > 돌아와 곰곰이 생각에 잠겼다. 머리가 아파 올 때까지 생각하고 또 생
    > 각해 보았지만, 짐을 구해서 이 곤경을 빠져나갈 기발한 방법은 떠오르
    > 지 않았다. 그토록 길고 긴 여행을 하면서 그 지독한 악당들을 최선을
    > 다해 섬겼는데, 그 모든 것이 물거품이 되다니. 그 사기꾼 놈들은 몰인
    > 정하게도 그깟 사십 달러 때문에 짐에게서 자유를 빼앗고 또다시 노예
    > 로 살게 만든 것이다. (p.206)

10  마크 트웨인이 『허클베리 핀의 모험』을 통해 말하고 싶었던 것은
    무엇일까요?

11  다음 글을 읽고 토론 논제를 만들어 봅시다.

작품의 배경이 되는 시대에는 노예제도가 보편적인 것이었다. 노예는 마치 동물처럼 노예 사냥꾼에 의해 무자비하게 사살되었고, 노예가 탈출하거나 탈출 노예를 돕는 일은 일반적인 도둑질이나 사기와 같은 범죄 행위보다 더 무거운 중죄로 취급받았다. 그래서 헉은 짐의 탈출을 돕는 것이 마치 왓슨 아줌마의 재산을 가로채는 것이 될까 봐 큰 갈등에 빠진다. 이를테면 짐의 탈출을 도운 일이 마을 사람들에게 알려지면 자신은 고개를 들고 다니지 못할 것이라든지, 아니면 주일 학교의 가르침처럼 자신의 죗값으로 이제 지옥의 영원한 불 속에 던져지게 되리라는 불길한 생각들.

그것은 도덕과 종교라는 문명의 제도들이 헉의 마음속에 주입시켜 놓은 것들이다. 그러나 아무리 생각해도 헉은 짐의 나쁜 점을 생각해 낼 수 없었다. 오히려 돌이켜보면 언제나 착한 모습이었던 짐을 떠올리며, 헉은 결국 왓슨 아줌마에게 보내는 편지를 찢는다.

나는 종이를 집어 들었다. 몸이 부들부들 떨렸다. 짐을 다시 노예로 만드느냐, 아니면 펠스프의 집에서 구출해 자유를 맛보게 하느냐, 이 둘 중 한쪽을 결정해야 했다. 나는 내가 어느 쪽을 택할지 알고 있었다. 나는 숨을 죽이고 잠시 망설인 끝에 혼잣말로 중얼거렸다.

"좋아, 난 지옥에 가겠어!"

나는 편지를 북북 찢어 버렸다.

# 진짜 가수

> "
> 진정한 기쁨은 편안함이나 부, 혹은 인간에 대한
> 찬양으로부터가 아니라 가치 있는 일을 하는데서 나온다.
>
> ― 윌프레드 그렌펠 경 ―
> "

## 『길거리 가수 새미』
찰스 키핑 | 사계절

'통 속의 철학자'라 불리는 고대 그리스의 디오게네스에 대한 유명한 일화를 떠올려 보겠습니다. 그는 가진 것 없이 비좁은 통에서 살았지만 행복했습니다. '행복이란 인간의 자연스러운 욕구를 가장 쉬운 방법으로 만족시키는 데 있으며 자연스러운 것은 부끄러울 것이 없다.'고 생각했기 때문이지요. 그런데 그 앞을 지나가던 알렉산드로 대왕은 자신이 원하는 것을 해 주면 그가 원하는 것을 들어 주겠다는 제안을 합니다. 디오게네스는 대왕의 제안이 귀찮다는 듯이 "아무것도 필요 없으니 햇볕이나 가리지 말아 달라."고 당당히 요구합니다. 디오게네스의 일화는 부나 명예와 같이 우리 삶에 행복을 준다고 여겨지는 것들이 실상은 삶에서 그렇게 중요한 가치를 지니는 것이 아니라고 슬쩍 귀띔해주고 있습니다. 그렇다면 무엇이 우리의 삶을 풍요롭게 만들고 가치 있게 하는 것일까요?

　『길거리 가수 새미』는 우리에게 이 질문에 대한 하나의 해답을 제시하고 있습니다. 새미는 지하도를 오가며 노래하면서 인정 많은 사람들에게 동전을 얻어 살아가는 '길거리 가수'였습니다. 그런데 어느 날 '빅 찬스'라는 서커스단이 들어와 새미에게 스카웃 제의를 하지요. 새미는 서커스 단장 이보르의 잔꾀에 금방 넘어가 지하도와 친구들을 등지고 서커스단을 따라 나섭니다. 하지만 서커스단에는 인기 가수가 아니라 웃음거리가 될 광대가 필요했습니다. 노래하는 새미를 웃음거리로 만들고 말지요. 유명한 가수가 될 수 있으리라 생각한 새미의 꿈은 산산조각이 났습니다. 사람들이 쉽게 누군가의 속임수에 넘어가는 이유는 달콤한 말 속에 숨어있는 계략을 욕심 때문에 보지 못하기 때문입니다. 욕심이 커지면 평범하지만 아름다운 것들이 보이지 않습니다. 작지만 소중한 것들이 가치 없이 느껴지지요.

좌절해 있는 새미에게 흥행꾼 빅놉이 다가와 진짜 가수를 만들어주겠다고 합니다. 새미는 그를 따라 나섰고 새미의 모습은 달라졌습니다. 머리를 지지고 볶고 번쩍번쩍한 옷을 입고 기타를 둘러메고, 야한 춤을 추는 아가씨들과 노래하며 유명해집니다. 관객들은 열광하고 새미는 어마어마한 스타디움에서 노래하는 대형가수가 되지요. 그러나 소리질러대는 관객들의 목소리에 새미의 목소리는 묻힙니다. 카메라 앞에서 노래하는 새미는 자신의 모습을 잃었고 텔레비전에, 비디오테이프에 갇혀 존재감조차 묻혀버립니다. 그러다 새미는 다른 가수들이 그랬던 것처럼 금세 잊혀지고 또 다른 가수가 나타납니다.

『길거리 가수 새미』의 이야기를 이어가는 화자의 목소리는 줄곧 냉소적입니다. 흔히 우리가 '성공'이라고 부르는 명성을 얻어도 "어마어마한 스타디움 공연에서 새미는 모래알처럼 작은 존재"라고 표현하며, 텔레비전에 출현해도 "바보상자 속에 갇힌 허깨비"라고 표현합니다. 새미의 뮤직 비디오가 나와도 "손바닥만 한 비디오테이프에 담겼다"라고 합니다. 그래서 그런지 시간이 지나 잊혀 진 새미가 그리 슬프게만 느껴지지는 않습니다.

비 오는 어느 날 쓸쓸히 공원에 앉아있던 새미는 문득 옛 친구들을 떠올립니다. 그리고 '새미 스트리트 싱어'는 변함없이 혼자서도 노래하고 춤출 수 있는 길거리 가수라는 사실을 깨닫습니다. 새미는 바삐 옷을 갈아입고 등에다 북을 꼭 붙들어 매고 다시 지하도 길로 달려 나갑니다. 옛 친구들을 만나 실로 걱정 없이 신나게 노래하며 행복을 찾습니다. 이제 새미는 혼잡한 찻길 아래 지하도를 오가는 사람들의 삶에 작은 기쁨과 즐거움을 안겨주는 '진짜 가수'가 됩니다.

갑작스레 물려받은 엄청난 유산이 핍의 삶을 풍요롭게 하지 못하고 더 피폐하게 만들었던 것처럼(『위대한 유산』, 찰스 디킨스) 화려한 성공이 새미에게 행복을 주지는 못했습니다. 모든 것을 잃고 자신으로 돌아왔을 때 진정한 '위대한 유산'이 무엇인지 깨달은 핍처럼 새미도 친구들이 있는 길거리로 돌아와 '진짜 가수'가 되는 길을 깨달은 것입니다.

# 매순간 성장하기를 원한다면

**"**

성숙한 인간은 밖에 있는 어머니와 아버지로부터

해방되어 내면에 그 모습을 간직하는 것이다.

―에리히 프롬―

**"**

『**위대한 유산**』

찰스 디킨스 지음 | 왕은철 옮김 | 푸른숲주니어

찰스 디킨스의 『위대한 유산』이 쓰여 졌던 19세기 영국 사회는 식민지 개척과 산업혁명의 성공으로 엄청난 물질적 풍요를 누리며 유례없는 번영을 구가하고 있었습니다. 돈이 최고의 가치로 떠오르면서 전통적으로 이어지던 봉건적 신분질서에 금이 가기 시작합니다. 사회적으로 존경받던 귀족보다 하층민이더라도 돈을 벌어 부자가 되면 상류층에 버금가는 '신사'로서 대접받는 삶을 살 수 있었던 것입니다. 이러한 시대적 분위기 속에서 사람들은 어떠한 삶의 태도를 취할까요? 누구라도 돈과 명예를 얻어 멋진 삶을 살고 싶어 할 것입니다. 당연히 사람들은 큰돈을 벌기 위해 온갖 노력을 기울일 것입니다. 하지만 인생에서 어느 '하나의 가치'만을 추구하는 삶은 균형감각을 잃게 되고 그래서 위험에 빠질 수 있습니다. 어느 하나를 추구하다가 보면 다른 것들은 그 의미를 잃어버리기 십상이기 때문입니다. 한 쪽으로 기울어진 인생은 마침내 무너져 파멸에 이르는 삶을 우리는 주변에서 많이 봐왔습니다. 이는 인생에는 '돈'만큼이나 중요한 가치가 있고, 그런 가치들의 균형을 이루어가는 삶이 '성숙한 삶'이라는 너무나도 당연한 삶의 진리를 말해줍니다. 찰스 디킨스의 『위대한 유산』은 19세기 영국 사회에서 불우한 환경의 소년이 온갖 역경과 시련을 통과해가면서 점차 성숙한 인간으로 거듭나는 과정을 보여주는 성장소설입니다.

　주인공 핍은 지금은 볼품없는 대장장이에 불과하지만 자신도 언젠가는 '신사'가 되어 아름다운 에스텔라의 사랑을 얻고 싶다는 욕망을 마음속으로 키워갑니다. 하지만 값비싼 보석으로 한껏 멋을 부린 에스텔라 앞에 나설 때면 자신의 누더기 옷차림이 너무도 창피합니다. 에스텔라가 고의적으로 내뱉는 무시와 멸시도 언젠가 자신이 신사가 된다면 견뎌낼 수 있을 것만 같습니다. 핍의 가정 환경은 좋지 않습니다. 부모님은 일찍이 돌아가셨고, 20살이나 많은 결혼한 누나의 집에 얹혀사는 형편입니다. 성격이 괴팍한 누나는 어린 핍을 매몰차게 대하면서 학대합니다. 마음 둘 곳 하나 없는 핍에게 따뜻한 피난처가 되어 주는 존재는 누나와 함께 사는 매형 조가 유일합니다. 조는 대장장이이지만 순진하고 착한 사람으로 언제나 핍을 응원하고 지지해줍니다. 핍은 이런 조의 보살핌으로 마음속에 '따뜻함'을 간직하며 성장하지만 남보란 듯이 성공하고 싶다는 열망은 오히려 점점 더 커지기만 합니다. 핍의 간절한 바람이 하늘에 닿았을까요? 어느 날, 핍을 신사로 키우겠다는 후견인이 혜성처럼 나타납니다. 하지만 인생은 원하는 대로 흘러가지 않는 법입니다. 후견인 덕분에 수중에 돈이 생긴 핍은 점차 향락의 세계로 빠져듭니다. 상류층 사람들과 어울리면서 돈을 물 쓰듯 하다가 결국 많은 빚을 지게 된 핍은 '조와 함께 대장장이로 살았던 과거가 더 행복했다.'라는 생각을 합니다. 핍은 누군가의 후원을 받아 출세하려는 불안한 마음을 다음과 같이 말합니다.

"난 내가 얼굴도 모르는 타인에게 얼마나 의지하고 있으며, 또 그런 내 미래가 얼마나 불투명한지 생각하면 참을 수가 없어. 내가 기대하는 모든 것이 결국 한 사람에게 달려 있는 셈이잖아. 또 그 유산에 대해 자세히 모른다는 게 얼마나 막연하고 불안한지."_
p.130

핍이 사랑하는 여인 에스텔라 또한 불안한 영혼의 소유자입니다. 에스텔라는 해비샴이라는 부인에게 입양되어 '사랑을 하지도, 사랑을 받지도 못하도록' 키워집니다. 젊은 시절 해비샴은 진정으로 사랑한 한 남자에게 배신을 당합니다. 자신이 영혼을 바쳤던 남자가 그녀의 돈을 보고 접근했다는 사실을 뒤늦게 알게 된 해비샴은 증오의 화신이 되어 남자들에게 상처를 주기 위해 복수하기 시작합니다. 바로 에스텔라가 해비샴의 복수의 수단으로 이용됩니다. 차가운 심장의 에스텔라는 줄기차게 사랑의 화살을 보내는 핍의 마음을 무참히 밟아버립니다. 에스텔라는 인간에게 어떠한 감정도, 동정심도 느끼지 못하는 냉혈한입니다. 그녀는 아름다운 외모로 남자를 유혹하여 사랑하는 척 하고는 남자가 자신에게 정복당하면 냉정하게 차버리곤 합니다. 남자들에게 구애를 받을 때마다 해비샴과 에스텔라는 희열을 느낍니다. 어쩌면 에스텔라는 인간의 뒤틀린 욕망의 희생양이라고 볼 수 있습니다. 에스텔라는 해비샴 부인에게 많은 유산을 상속받지만 이미 돌처럼 굳어진 에스텔라의 마음에 행복이 찾아올 자리는 없습니다.

이렇게 책 속의 인물들은 돈과 명예, 사랑과 증오, 불안으로 흔들립니다. 이는 『위대한 유산』이 씌어 진 후 150여 년이 지났지만 오늘을 사는 우리의 모습을 비추기도 합니다. 우리는 욕망하는 핍의 모습에서, 불안한 영혼으로 뒤틀린 에스텔라에게서, 내면에 숨겨진 인간들의 모습을 발견하기도 합니다. 한 마디로 인간이라는 존재는 내면에 무수히 많은 모습들을 가지고 있습니다. 다만, 우리가 잘 인식하지 못할 뿐이지요. 이렇게 견고한 인식의 틀을 깨기 위해서 우리는 책을 읽어야 하는지도 모릅니다. 우리가 놓치지 말아야할 것은 인간은 누구나 '자신의 인생은 자신만이 살 수 있다.'라는 점입니다. 핍이 후견인을 잃고 유산을 상속받는 일이 하루아침에 없던 일이 되자 핍은 그제서야 비로소 자신의 힘으로 인생이라는 길 위에 발을 내딛기 시작합니다. 대장장이가 수천 번의 망치로 단단한 연장을 만들듯이, 핍도 온갖 역경과 고난 속에서 자신을 조금씩 단련시키면서 성숙한 인간이 되어갑니다. 에스텔라 또한 해비샴 부인이 죽은 후 "내 삶은 구부러지고 꺾였지만, 그걸 통해 뭔가 깨닫게 됐어"라고 말합니다. 우리의 삶도 그들과 다르지 않습니다. 아니 어쩌면, 더 절박할 수도 있습니다. 우리의 삶은 핍과 에스텔라의 삶처럼 미숙함으로 가득차서 매일매일 스스로가 한심하고, 나아질 것도 없으며, 그래서 고통스럽고 후회로 얼룩지기 마련이지만 그 모든 '실패의 장면'들은 어제보다 나은 나를 있게 하기 위한 값비싼 대가일지도 모릅니다. 따라서 매일매일 성장하기를 원하는 인간에게 고통과 기다림은 필연입니다. '진정으로 위대한 유산'은 실패 없이는 감히 넘볼 수 없는 고귀한 가치들인 것입니다.

1    길거리 가수였던 새미는 흥행꾼 빅놉을 따라가 유명한 가수가 됩니다. 누구나 새미처럼 유명해지고 돈도 많이 버는 것을 좋아합니다. 그러나 그런 성공을 이룬 새미가 사실은 행복하지 않았던 이유는 무엇일까요?

2    새미를 유명하게 만들어 주었던 '빅놉'이 새로운 가수가 나타나자 새미를 버린 이유는 무엇일까요? 그의 가치 판단에 기준이 되었던 것은 과연 무엇일까요?

3    새미가 초라하고 볼품없는 길거리 가수로 돌아와 행복했던 이유는 무엇인가요? 내 생각을 말해보세요.

4    찰스 디킨스의 『위대한 유산』은 산업 혁명으로 물질적 풍요를 누리던 19세기 영국 사회를 배경으로 하고 있습니다. 가난한 고아 소년 '핍'의 시선으로 돈과 명예, 사랑과 복수, 욕망을 보여주면서 우리시대 진정한 '유산'은 무엇인지 질문을 던지는데요. 여러분은 이 책을 어떻게 읽으셨나요? 책을 읽은 소감을 나누어 봅시다. 인상 깊은 부분도 소개해 주세요.

5    이 책의 등장인물은 부모를 잃고 누나의 구박을 받으면서 자라는 어린 '핍', 성격이 괴팍한 누나와 결혼했지만 착한 마음씨를

지닌 대장장이 '조', '핍'이 첫눈에 반한 이기적이고 냉정한 '에스텔라', 남자들에게 복수를 하기 위해 '에스텔라'를 양녀로 삼아 냉정하게 훈육시키는 미스 '해비샴', '핍'의 도움을 받는 탈옥수 '프로비스', '핍'의 소중한 친구 '허버트', '프로비스'의 딸 '에스텔라', 변호사 '재거스', '재거스'집의 가정부인 '에스텔라'의 엄마 등이 등장합니다. 위를 바탕으로 등장인물 관계도를 그려봅시다.

**6** 가장 인상 깊은 인물은 누구인가요? 이유와 함께 이야기해봅시다.

**6-1** 19세기 당시 영국은 전통적으로 이어지던 신분 질서가 무너지면서 하층민이라도 돈을 벌어 부자가 되면 상류층인 '신사'가 되어 사람들로부터 존경을 받을 수 있었습니다. 이 책의 주인공 핍 노한 가난한 고아 출신이지만 마음 속에는 '신사'가 되고 싶은 욕망으로 가득합니다. 볼품없는 대장장이가 아니라 품격을 지닌 멋진 인생을 살고 싶어 합니다. 이런 핍의 야망에 대해 속 깊은 처녀

비디는 "참 안됐네! 만약 내가 너라면 안 그럴 거야. 신사는 너와 어울리지 않아. 지금처럼 살아가는 게 더 행복할 것 같지 않니?" (p.85)라고 충고합니다. 비디가 핍을 걱정하는 이유는 무엇일까요? 생각을 나눠 봅시다.

> 나는 에스텔라 이야기를 꺼냈다. 세상에서 가장 아름다운 에스텔라를 좋아한다고, 그런데 그녀가 나를 천한 시골뜨기라고 생각한다고, 그녀를 위해서라도 신사가 되어야 한다고. 스스로 생각해도 터무니없는 이유였다. 비디가 말했다. "그 사람을 괴롭히려고 신사가 되고 싶은 거니? 아니면 관심을 끌려고 그러는 거니? 만약 괴롭히기 위해서라면, 제일 좋은 방법은 그 사람의 말에 전혀 신경을 쓰지 않는 거야. 만약 관심을 끌기 위해서라면, 내가 보기엔 그럴 가치가 없는 사람 같아."(p.85)

**7** 책에는 자신의 삶에 대해 각기 다른 태도를 지닌 사람들이 등장합니다. 핍은 눈이 부시도록 아름다운 에스텔라에 비해 천한 시골뜨기에 불과한 자신을 보며 신사가 되겠다는 '야망'을 키우기 시작합니다. 조는 가난하지만 착한 성품을 가지고 있습니다. 힘든 대장장이 일을 하면서도 자신의 삶에 대해 불만을 갖지 않고 하루하루 열심히 살아갑니다. 성질이 그악스러운 아내의 성격이 폭발하지 않도록 맞춰주고 배려해줍니다. 미스 해비샴은 큰 부자이면서도 과거의 상처로 우울한 오늘을 살아갑니다. 남자의 배신으로 인한 충격으로 남자들에게 복수하기 위해 자신이 가진 돈과 힘을 이용합니다. 그렇다면, 지금 대한민국을 살아가는 우리들의 삶에서(혹은 나의 삶에서) '돈'이 차지하는 영향은 어느 정도 일까요? 자신의 생각을 나눠 봅시다.

인생에서 돈이 차지하는 영향은 크다. 왜냐하면,

인생에서 돈이 차지하는 영향은 크지 않다. 왜냐하면,

8     책에는 평생을 '복수'에 바치는 인물 두 명이 나옵니다. 미스 해비샴은 결혼 하루 전날, 자신이 진정으로 사랑한 남자의 이별 통보를 받습니다. 그 남자가 해비샴의 돈을 보고 결혼을 하려고 했던 사실을 알게 된 해비샴은 세상의 남자에게 증오를 느끼고, 어린아이를 데려다 '아름다운 외모로 남자를 유혹하여 사랑하는 척 하고는 차버리는' 냉혈한으로 키웁니다. 탈옥수 프로비스는 가난 때문에 불우한 어린 시절을 보냅니다. 자신을 이용하여 돈을 벌려고 한 콤페이슨을 찾아 죽이려고 합니다. 하지만 결국 그에게 잡혀 프로비스는 교수형을 당합니다. 여러분은 이들의 복수에 대해서 어떻게 생각하십니까? 자유롭게 생각을 나눠 봅시다.

9     에스텔라는 미스 해비샴에 의해 '사랑을 하지도, 받지도 못하도록' 키워진 인물입니다. 그녀는 자신을 좋아하는 핍에게 "내 심장은 얼음처럼 차가워. 나는 그 어떤 감정도, 동정심도 없는 사람이야."(p.123)라고 말합니다. 그녀는 속물적인 드러믈과 결혼하여 불행한 삶을 이어갑니다. 누구도 사랑할 수 없는 에스텔라

이지만 어떤 면에서 보면 해비샴의 뒤틀린 욕망의 희생양이라고 볼 수 있습니다. 그렇다면, 에스텔라가 사랑을 하고, 받을 줄 아는 '따뜻한 마음을 가진 사람'으로 거듭나기 위해서는 에스텔라 그 자신과 주변 사람들의 어떤 노력이 필요할까요?

> 나와 카드놀이를 할 때마다 에스텔라의 기분은 오르락내리락했다. 그 폭이 하도 심해 당황한 적이 한두 번이 아니었다. 그러면 그 광경을 지켜보던 해비샴이 기쁜 표정으로 에스텔라를 끌어안으며 이렇게 말했다.
> "나의 자존심이자 희망이여, 그들의 가슴을 짓밟아라. 인정사정 보지 말고 짓밟아라."(p.69)

10 핍은 매형 조, 친구 허버트와 진정한 우정을 나눕니다. 조는 늘 핍에게 관심을 기울이면서 물질적, 정신적 지원을 아끼지 않습니다. 허버트는 핍이 위험한 상황에 빠졌을 때 발 벗고 나서서 도와줍니다. 핍 또한 사업 수완이 좋은 동업자를 구해 허버트가 모르게 비밀 계약을 해서 허버트가 다시 사업을 할 수 있도록 돕습니다. 진정한 우정은 어떻게 만들어질까요? 여러분의 경험을 나누어 주세요.

> 핍, 네가 아프다는 소식을 편지로 받았어. 그걸 본 비디가 지체하지 말고 빨리 가라고 했지. 그래서 지금까지 널 돌본 거야. 네가 깨어나서 정말 다행이다.-조-(p.212)
>
> 허버트는 새 삶을 살게 된 것이 매우 기뻐 날마다 환한 웃음을 지었다. 물론 그 투자자가 나라는 것은 전혀 누치채지 못했다. 나 또한 내가 받은 유산이 누군가에게 큰 도움이 됐다고 생각하니 마음이 뿌듯했다.(p.147)

11 프로비스는 가난 때문에 범죄를 저지를 수밖에 없었던 자신의 불우한 어린 시절을 아래와 같이 떠올립니다. 먹고 살기 위해 닥치는 대로 일을 하거나, 구걸을 하거나, 도둑질을 해야 했다고 고백합니다. 여러분은 '가난이 죄를 만든다.'라는 프로비스의 의견에 대해 어떻게 생각하시나요? 이야기를 나눠 봅시다.

> 나는 내가 어디서 태어났는지조차 몰라. 내가 처음으로 나를 알게 된 건 먹고살기 위해 채소를 훔쳤을 때였어. 당시에 나는 너무 가난했고 배가 고팠거든. 사람들이 나를 받아주지 않아 일할 곳도 없었어. 그때부터 감옥을 들락거리기 시작했지. 너무 자주 들락거려 이골이 날 정도였어. 감옥에서 살았다고 해야 맞을 거다. 구걸을 하고 때로는 훔치고, 일이 있을 때는 일도 했어. 뭐든 닥치는 대로 다 했지만, 결국 돈도 못 벌고 고생만 하다 어른이 되어 버렸지.(p.170)

12 이 책은 등장인물들의 굴곡진 삶을 통해 삶에서 진정으로 중요한 것이 무엇인지를 보여줍니다. 이 책을 읽고 토론을 하면서, 여러분이 생각한 우리가 삶에서 추구해야 할 소중한 가치는 무엇인지 나눠 봅시다.

13 여러분이 받고 싶은 혹은 후손에게 남겨주고 싶은 '위대한 유산'은 무엇입니까? 이야기를 나눠 봅시다.

# 나를 잃어버린 시간들

> "
>
> 오! 당신의 시계를 근거로 나를 비난하지 말아요.
>
> 시계는 항상 너무 빠르거나 늦지요.
>
> 시계에 휘둘릴 수는 없어요.
>
> ― 제인 오스틴 ―
>
> "

**『세상에서 제일 바쁜 마을』**

강경수 지음 | 그림책공작소

강경수의 『세상에서 제일 바쁜 마을』은 기계화된 사회 속에서 자기 자신을 잃어버린 사람들에게 경종을 울리는 이야기입니다. 모두가 정신없이 바쁘게 일만 하는 마을, 교수님도, 경찰 아저씨도, 가수도, 건축가 아저씨도, 심지어 애완견까지도 모두 바쁜 '세상에서 제일 바쁜 마을'에 어느 날 작은 괴물이 나타납니다. 작은 괴물은 바쁘게 일하고 있는 사람들을 찾아가 '깜짝' 놀라게 합니다. 집을 짓던 건축가도, 노래 연습을 하던 가수도, 수업을 하던 교수님도, 도둑을 쫓던 경찰 아저씨도 괴물을 보고 '깜짝' 놀라서 일을 멈추게 되지요. 그런데 작은 괴물 때문에 하던 일을 멈춘 마을 사람들은 모두 화가 납니다. 무너진 일상, 익숙하지 않은 멈춤, 마을 사람들의 당황스러움은 '분노'로 표출됩니다. 화가 난 마을 사람들은 작은 괴물을 향해 비난을 쏟아 놓습니다. 작은 괴물 때문에 해야 할 일들을 다 망쳐버렸다는 것이지요.

　그러나 그때, 작은 괴물은 가면을 벗고 자신을 드러냅니다. 가면을 벗은 작은 괴물은 바로 '어린아이'였습니다. 바쁜 일도 없고, 자신이 하고 싶은 일에 늘 솔직한, 천진한 어린아이 말입니다. 화가 났던 '세상에서 제일 바쁜 마을' 사람들은 그 순간 '타임 슬립'을 경험합니다. 모두가 자신의 어린 시절을 떠올리며 미소 짓게 됩니다. 내가 바쁘게 돌아가는 도시의 일부분이 아니라 그저 나였을 때, 무엇이든 하고 싶은 것만 하던 때, 무엇이든 되고 싶은 것만 생각할 때, 그 때로 돌아가 자신을 바라보게 됩니다. 그 때, 시계탑에서 12시를 알리는 점심시간 종소리가 울리고 사람들은 그제야 배가 고프다는 걸 느낍니다. 기계처럼 일할 때는 느끼지 못했던 허기, 나 자신으로 돌아오니 배도 고파져 점심을 먹게 됩니다. 작은 괴물, 아니 귀여운 꼬마 덕분에 세상에서 제일 바쁜 마을에는 평화로운 휴식의 한 때가 찾아오게 된 것입니다.

바쁘게 사는 것이 부지런한 것이고 성실함의 미덕이라고 여기던 시대가 있었습니다. 지독한 가난과 배고픔에서 벗어나고자 정신없이 일하던 시대도 있었습니다. 사람들은 이제 또, 성공이 인생 최고의 목표라 생각하며 앞만 보고 달립니다. 그러면 대체 우리는 언제 아름다운 자연을 느끼고 함께 걷는 사람들의 표정도 보며 내가 좋아하는 것이 무엇인지도 생각해보며 나를 돌아보는 시간을 가질 수 있을까요?

허먼 멜빌은 『필경사 바틀비』를 통해 우리에게 보여줍니다. '자존감'을 지키는 길은 모두가 '아니요' 하더라도 '예'라고 할 수 있는 '용기'라고, 모두가 '예'라고 할 때 '아니요'라고 말할 수 있는 '자신감'이라고. "안하는 편을 택하겠습니다." 작지만 단호하게 말하는 바틀비의 목소리는 자신을 지키려는 최고의 외침이었습니다. 바틀비의 삶이 조금은 기괴했지만 그는 아마도 월 스트리트의 '작은 괴물'이 아니었나 생각해 봅니다.

# '하지 않을' 자유

> "
>
> 제가 제일 쓰고 싶은 글은 금지되고 팔리지 않을 거라는
> 예감이 듭니다. 하지만 저는 다른 식으로는 쓸 수가 없습니다.
>
> ─ 허먼 멜빌 ─
>
> "

**『필경사 바틀비』**

허먼 멜빌 지음 | 하비에르 사발라 그림 | 공진호 옮김 | 문학동네

『모비 딕』으로 알려진 허먼 멜빌의 『필경사 바틀비』에는 시종일
관 "안 하는 편을 택하겠습니다."라고 말하는 인물이 나옵니다. 바
로 필경사 바틀비입니다. 필경사는 글을 그대로 옮겨 적는 일을 하
는데, 19세기 당시 타자기가 없었던 미국 사회에서는 흔한 직업이
었습니다. 월 스트리트에서 성공한 변호사 '나'는 늘어나는 업무량
때문에 바틀비를 고용합니다. 하지만 바틀비는 일을 시작한 지 사
흘째 되는 날부터 자신에게 주어지는 일들을 거부하기 시작합니
다. 고용주 '나'로서는 환장할 노릇입니다. 임금을 주고 일을 시키
는 고용주 입장에서 일 자체를 거부하는 사원은 필요하지 않기 때
문입니다. 당연히 '나'는 아무것도 하지 않으려는 바틀비를 해고하
려 하지만 그는 자리에서 꿈쩍도 하지 않습니다. 바틀비를 지켜보
는 주변 동료들도 답답하기는 마찬가지입니다. 급기야 동료들은
고용주'나'에게 바틀비가 살짝 미친 것 같으니 그를 내 쫓으라고
하지요.

　문학사에서 가장 기이한 인물로 전해지는 '바틀비'의 행동이 이
해가 가지 않나요? 이 책에는 '바틀비'라는 인물뿐만이 아니라 함
축적 어휘와 상징적 표현이 많습니다. 한마디로 은유와 상징의 집
약으로 읽을 수 있습니다. 따라서 소설에서 바틀비가 이상한 사람
이라고 단편적으로 치부하는 것은 곤란합니다. 그렇다면 지금부터
소설 속으로 찬찬히 들어가 보겠습니다. 먼저, 허먼 멜빌이 『필경

사 바틀비』를 쓸 당시의 미국 사회는 19세기 초반으로 자본주의의 시장경제 논리 속에서 인간성 상실이 심화되는 사회였습니다. 자본주의는 이윤추구를 목적으로 하는 경제체제입니다. 이윤추구가 최고의 가치로 인식되다 보니, 삶에서 돈이 '최고'라는 풍조가 만연했던 것이죠. 알다시피, 삶에서 '돈'이 최고는 아닙니다. 사랑이라든가, 신뢰, 우정, 자유와 같이 더 중요하다고 말할 수 있는 것들은 얼마든지 있습니다. 하지만 돈이 최고의 가치로 취급되는 사회에서는 '돈' 이외의 것들은 터부시되기 쉽습니다. 우리가 매일 근면 성실하게 일을 하다가 보면 삶에서 정말로 중요한 것이 무엇인지 종종 잊어버리곤 합니다. 자본주의의 물질만능주의에서 바쁘게 살아가다가 보면 잠시 망각하게 되는 것입니다. 그래서 사회에서 중요하다고 말하는 것, 주변사람들이 하는 것을 보고 그대로 따라서 하는 경우가 생깁니다.

이 소설의 배경이 되는 후기 근대 자본주의 시대에는 선택의 자유가 주어지지 않았습니다. 바틀비가 일을 하지 않겠다고 선택하는 것은 당연하게 취해야하는 강제된 선택을 거부하는 행위입니다. 자본주의 사회에서는 돈을 벌려면 일을 해야 합니다. 일을 하지 않으면 돈을 벌지 못하지요. 바틀비의 경우 이 두 가지의 선택지에서 어느 하나를 꼭 선택해야만 하는 것입니다. 하지만 바틀비는 선택하는 것 자체를 거부합니다. 심삭하듯이, 선택지를 주고 그 안에서 선택하게 하는 것은 자본주의의 작동방식입니다. 이렇게 바틀비는 자본주의의 경제 논리 속에서 우리가 아무런 의심 없이 당연하게 '선택'했던 모든 것들을 '선택'을 거부함으로써 돌아보게 합니다. 실제로, 우리는 장을 보러가는 마트에서 엄청난 물건의 종류에 압도당하고 맙니다. 종류도 다양한 물건들 중에서 어떤 것을 선택하나를 두고 한참을 고민하는 와중에는, '물건을 구입하지 않을'자유를 선택하기는 여간 힘든 게 아닙니다. 필요하지 않은 물건들도 '선택'을 해야만 할 것 같습니다. 자본주의는 이렇게 꼭 '선택'을 하게 만드는 것이지요. 하지만 선택하지 않을 자유는 분명히 존재 합니다. 따라서 바틀비는 우리에게 바로 그 '선택하지 않을 자유를 누리십시오.'라고 외치고 있는 겁니다. 한마디로 바틀비는 우리 시대에 '쓴 소리'를 하는 상징적 인물로 읽을 수 있습니다.

조금 더 들어가 봅시다. 우리 주변에는 분명 '바틀비'와 같은 인물이 존재합니다. 바틀비와 같은 인물은 '해야 할 일'을 성실하게만 하는 사람이 아니라, '왜 해야 하는가'를 끊임없이 묻는 사람이라고 할 수 있습니다. 이런 사람들은 보통 사회가 정해놓은 '궤도'에서 이탈하려고 합니다. '왜 길이 하나야? 나는 다른 길로 갈래'라고 외치는 사람입니다. 그래서 주변 사람의 못마땅한 질타와 시선을 동시에 받습니다. 뭔가 '정상적'으로 보이지 않기 때문입니다. 우리가 염두에 둘 것은 이런 '바틀비'와 같은 인물을 대하는 우리의 태도입니다. 동료들은 일을 하지 않으려는 바틀비에게 심한 말을 퍼부으며 비난했습니다. 하지만 자신의 눈으로 세상을 보려는 '바틀비'에게는 익숙한 습관대로 세상을 보려고 하는 동료들이 오히려 이상하게 느껴졌을 겁니다. 이는 타인을 대하는 우리의 태도가 얼마나 협소한 인식의 기반 아래서 행해졌는가를 일깨워줍니다. 따라서 '바틀비'와 그 동료들을 관찰하는 것은 자본주의 시장경제 논리 속에서 행해지는 인간의 마음과 행동을 적극적으로 이해하려는 태도입니다. 이렇게 그 시대를 반영하는 문학을 통해 평소에는 잘 인식하지 못했던 사회와 인간을 다시 면밀히 볼 수 있습니다.

1    '세상에서 제일 바쁜 마을'의 문제점은 무엇일까요?

2    우리가 생활을 하는 곳 중에 잠깐의 여유를 선물할 '작은 괴물'이
       가장 필요한 곳은 어디일까요?

3    바쁘게 사는 동안 우리가 잃어버릴 수 있는 것은 무엇이 있을까
       요? 놓치기 쉬운 것들을 찾아봅시다.

4    허먼 멜빌의 『필경사 바틀비』의 주인공 바틀비는 시종 일관 "안
       하는 편을 택하겠습니다."라고 외칩니다. 이는 그 무언가를 당연
       시하며 받아들이고 살아온 현대인들에게 경종을 울립니다. 여러
       분은 이 책을 어떻게 읽으셨나요?  소감을 나누어 봅시다.

5    사장은 조용한 풍모를 지닌 바틀비를 고용한 것에 흡족해합니다.
       실제로 바틀비는 묵묵히, 창백하게, 기계적으로 필사를 합니다.
       밤에는 촛불을 밝히고 계속 필사를 합니다. 하지만, 고용된 후 사
       흘째 되는 날부터 바틀비는 자신에게 주어지는 모든 일을 거부
       하며 "안 하는 편을 택하겠습니다."라고 대답합니다. 여러분은 바
       틀비의 단호한 태도에 대해 어떻게 생각하십니까?

내가 얼마나 놀랐을지, 아니 당황했을지 한번 상상해 봐. 나는 충격받은 감각기관들을 추스르며 잠시 완벽한 침묵 속에 앉아 있었다. 곧 내가 뭘 잘못 들었거나, 바틀비가 내 말뜻을 완전히 잘못 알아들었을 거라는 생각이 들었다. 나는 내가 취할 수 있는 가장 분명한 어조로 요구를 반복했다.(p.29)

6 여러분은 바틀비처럼 "안 하는 편을 선택하겠습니다."라고 말하고 싶은 상황이 있나요? 경험을 나누어 봅시다.

7 동료들은 고용주가 시키는 일을 거부하는 바틀비를 못마땅하게 여깁니다. 또한 "바틀비를 사무실에서 내쫓아야 합니다."(p.34), "저는 바틀비가 살짝 돌았다고 생각합니다."(p.35)라고 하는데요. 동료들이 바틀비에게 분노를 표출하는 이유를 생각해 봅시다.

사람이 전례가 없고 몹시 부당한 방식의 위협을 받으면 그 자신이 지닌 가장 분명한 믿음마저 흔들리기 시작한다는 것, 이것은 별로 드문 일이 아니다. 말하자면, 그것이 제아무리 훌륭해도 모든 정의와 이성이 반대편에 있을지 모른다는 막연한 생각이 들기 시작한다. 따라서 그 자리에 누구든 이해관계가 없는 다른 사람들이 있으면 그들이 자신의 비틀거리는 마음을 지지해 주기를 기대하게 된다. (p.34)

8 　바틀비를 고용한 '나'는 "깡마르고 무일푼인 인간, 내게 고용된 이 바틀비에게 수치스럽게 거부당할 수 있는 게 또 뭐가 있을까" (p.41)라고 생각하면서도 그의 정직함에 대한 인간적 신뢰를 갖고 있습니다. 하지만 바틀비가 끝까지 일을 거부하자 사무실을 이전하기에 이르는데요. 그렇다면, '나'가 바틀비를 고용하고 일을 시키면서 가장 힘들었던 부분은 무엇이었을까요? 생각해 봅시다.

> 시간이 흐르면서 나는 바틀비에 대해 적잖게 마음이 풀렸다. 그의 안정성, 어떤 유흥도 즐기지 않는 점, 부단한 근면, 놀라운 침묵, 어떤 경우에도 변함없는 몸가짐 때문에 그는 내가 획득한 가장 귀중한 인물이었다. 가장 중요한 한 가지는 그가 항상 그곳에 있었다는 것, 아침에 제일 먼저 와 있고, 하루 종일 꾸준히 자리를 지키고, 밤에도 제일 마지막까지 남아 있다는 것이었다. 내게는 그의 정직함에 대한 남다른 신뢰가 있었다. 매우 중요한 문서가 그의 손에 있으면 더할 나위 없이 마음이 놓였다.(p.43)

9 　고용주 '나'는 바틀비를 해고하기 위해 사무실을 이전하지만 바틀비가 여전히 꼼짝하지도 않는다는 건물주의 연락을 받고 난감해합니다. 결국 그가 부랑자 구치소로 끌려간 이후에도 취사담당에게 바틀비의 식사를 챙기는 등 신경을 씁니다. 하지만 바틀비는 결국 음식도 거부하며 죽음에 이르게 됩니다. 자신에게 주어진 모든 것을 거부하면서 '하지 않을' 권리를 선택하는 바틀비를 죽음에 이르게 한 원인은 무엇이었을까요? 생각해봅시다.

> "나는 오늘 식사를 안 하는 편을 택하겠습니다. 속에 받지 않을 겁니다. 저녁식사에는 익숙하지 않으니까요."(p.88)

9-1 우리 시대 '바틀비'의 죽음이 의미하는 바는 무엇일까요?

> "구제를 받았을 사람은 더 이상 배고파하지도 않는다. 절망하며 죽은 자들에게 용서를, 희망이 없는 상태에서 죽은 자들에게 희망을, 구제 없는 재난에 질식해 죽은 자들에게 희소식을 전하는 편지가 나오기도 한다. 생명의 심부름을 하는 그 편지들은 급히 죽음으로 치닫는다."
> (p.93)

10 바틀비와 주변 사람들은 우리 시대의 상징으로 읽을 수도 있습니다. 기정사실화된 것을 당연하게 받아들이는 우리 시대 사람들을 책에 등장하는 고용주 '나'와 동료와 주변인들로 본다면, 바틀비는 고착화되어있는 것에 대해 '하지 않을' 권리를 선택하는 인물입니다. 여러분은 어떤 유형에 가까운 인물인가요? 이유와 함께 이야기를 나누어 봅시다.

> – 바틀비의 말! 말! 말!
> "안 하는 편을 택하겠습니다"(p.30)
> "지금은 아무런 대답을 하지 않는 편을 택하겠습니다."(p.52)
> "지금은 좀더 합리적인 사람이 되지 않는 편을 택하겠습니다."(p.54)
> "그 이유를 스스로 보지 못하세요?"(p.57)
> "포목상의 점원이 되면 너무 많이 갇혀 있게 돼요. 저는 점원이 되고 싶지 않습니다. 하지만 저는 특별하지 않아요."(p.80)
> "여행 동반자가 되는 것은 무언가 확정적인 게 없다는 생각이에요. 지는 고정적인 게 좋습니다. 저는 특별하지 않아요."(p.81)

11 허먼 멜빌이 『필경사 바틀비』를 통해 우리에게 말하고 싶은 것은 무엇일까요?

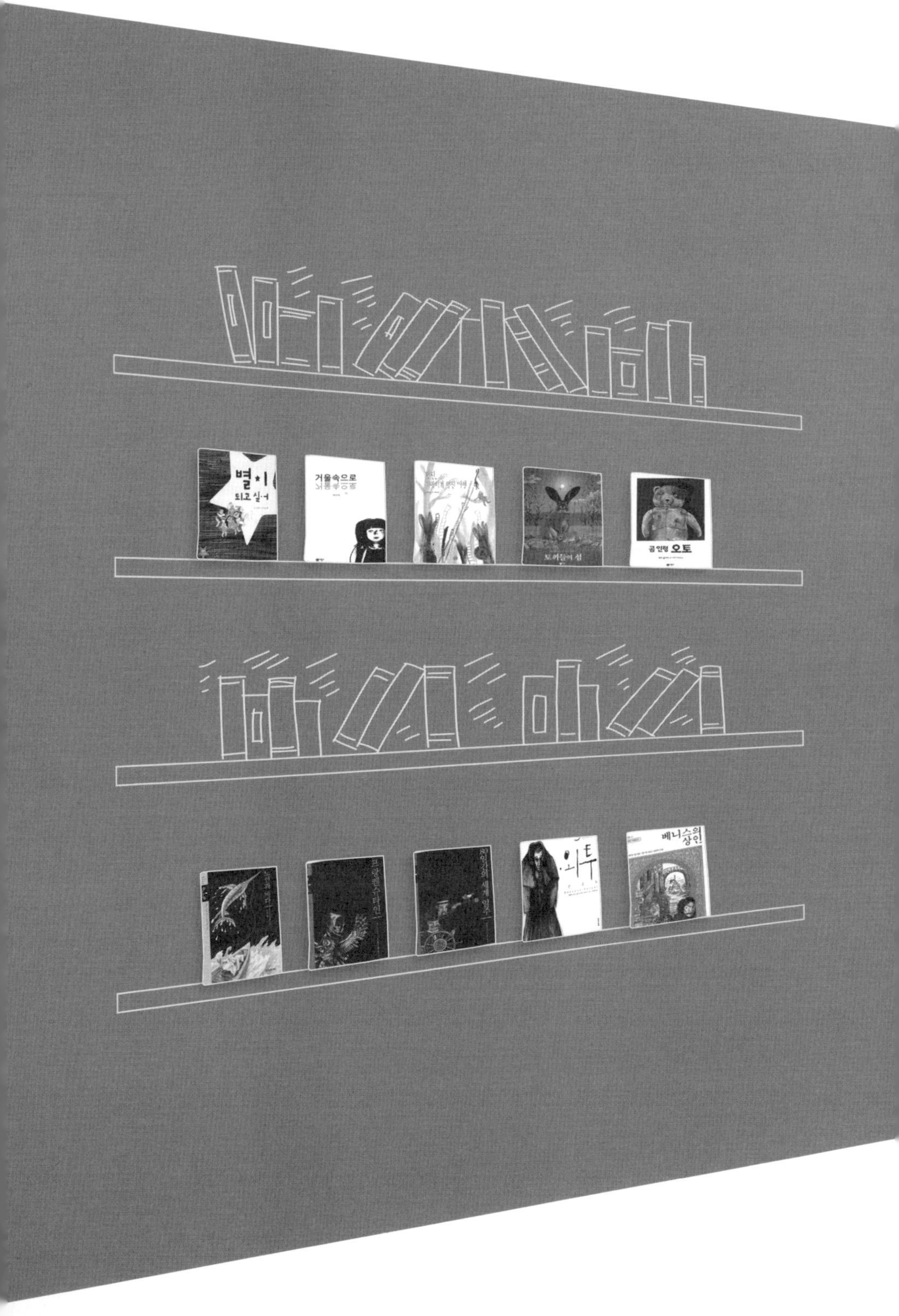
거울속으로
토끼들의 섬
곰 인형 오토
베니스의 상인

3장

우리가
함께 살아가는
세상

# 무엇이 되고 싶은가요?

> **"**
> 인생에서 원하는 것을 얻기 위한 첫 번째 단계는
> 내가 무엇을 원하는지 결정하는 것이다.
>
> ― 벤 스타인 ―
> **"**

**『별이 되고 싶어』**
이민희 지음 | 창비

'관혼상제(冠婚喪祭)'는 중국으로부터 전해져서 조선시대 우리나라의 전통으로 자리 잡은 유교적 예법을 말합니다. 특히 '상례'는 인간이 삶과 이별하는 중요한 예식이라 지금까지도 소중히 여기며 지켜지고 있습니다. 이민희의 『별이 되고 싶어』는 이 상례에 대한 이야기를 담고 있습니다. 망자에 대한 위로인 '상례'가 인간의 삶을 담을 수 있다는 것을 보여줍니다. 철학자이자 작가인 괴테는 '기쁘게 일하고, 해 놓은 일을 기뻐하는 사람은 행복하다.'고 말합니다. 근대 경험론의 선구자로 불리는 베이컨은 '천성과 직업이 맞을 때 행복하다.'고 말합니다. 그렇다면 행복이란 자신의 일에 자족하며 즐겁게 일할 때 주어지는 선물이라 할 수 있습니다. 행복한 삶을 살았다면 삶에서 떠나는 순간도 아름답고 행복하지 않을 까요. 세계 여러 나라의 장례를 보여주는 『별이 되고 싶어』가 슬프지 않은 까닭도 여기에 있습니다. 유별난 것 없는 등장인물들의 삶이 아름다워 보입니다.


　'카이와이'는 바다를 보며 자랐고, 세찬 바람이 불어도 물고기를 가져다주는 바다에 만족하며 살아가다가 바다가 되었습니다. 폴리네시아섬 사람들의 '수장'을 밀합니다. '나무아래빠른발'은 나무 숲에서 뛰어다니며 사냥하며 용감하게 살다가 울창한 나무가 되었답니다.(수목장)불꽃처럼 살다간 '토오라시아'는 불꽃이 되고(화장), '살리흐'는 바람을 따라 다니며 자유롭게 살다가 바람이 되었답니다.(풍장) 새처럼 세상을 당당하게 날던 '남카'는 새가 되지요.(조장) 그리고 흙을 밟고 흙속에 씨앗을 뿌리며 살던 '만희'는 흙이 됩니다 (토장). 그저 담담하게 장례 의식에 대해 이야기해주는 이 그림책에서 우리는 소중한 삶의 철학을 만날 수 있습니다. 바다를 삶의 터전으로 삼은 폴리네시아섬 사람들이 늘 평온하고 풍족한 삶을 살지는 않았을 것입니다. 물고기가 잡히지 않아 배를 곯았던 날도 있었을 것입니다. 어떤 날은 폭풍우가 몰아쳐 세찬 파도에 배가 부서지고 소중한 사람을 잃는 경우도 있었을 것입니다. 그러나 이 모든 아픔을 극복하고 묵묵히 인간으로서의 삶을 지켜나갔기에 가치 있는 삶이 될 수 있었을 것입니다. 인디언 '나무아래빠른발'은 숲에서 살며 사나운 짐승들과도 맞닥뜨렸을 것이며 거친 숲 어딘가에서 넘어지거나 굴러 떨어지기도 했을 것입니다. 그러나 숲을 용감하게 극복했기에 나무가 될 만큼 자신의 삶을 가치 있게 만들 수 있었을 것입니다.

헤밍웨이의 『노인과 바다』는 평생을 바다와 싸우며 살아온 노인의 삶을 들여다봅니다. 혹자는 『노인과 바다』가 거친 자연에 대항해서 싸우는 인간의 불멸의 의지에 대해 이야기한다고 하고, 또 다른 이들은 인간의 의지로 극복하기 힘든 자연의 위대함 앞에서 좌절할 수밖에 없는 인간의 나약한 모습을 보여준다고 합니다. 그러나 무엇보다도 중요한 것은 노인이 자신의 삶을 자신의 손으로 멋지게 만들어갔다는 것입니다. 정답이 없는 인간의 삶은 무엇을 했느냐가 아니라 어떻게 했는가에 달려 있기에 노인의 삶은 당연히

'가치 있는 삶'이라 할 수 있을 것입니다. 장례에 대해 이야기 하고 있는 이민희의 그림책『별이 되고 싶어』는 독자의 마음에 조용히 질문을 던집니다.

　"세상 떠나는 날, 무엇이 되고 싶은가요?" 곱씹어보면 이 질문은 바로, 지금 이 순간을 어떻게 살아갈 것인지를 묻는 현재적 질문인 것입니다.

# 파멸하지 않는 인간의 존엄

> **"**
>
> 신성하다느니, 영광스럽다느니, 희생이니 하는 따위의
> 허무한 말들을 들을 때면 나는 언제나 정신이 어지럽다.
>
> ― 헤밍웨이 ―
>
> **"**

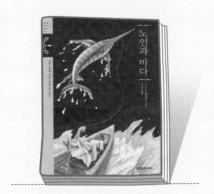

### 『노인과 바다』
헤밍웨이 지음 | 박상은 옮김 | 푸른숲주니어

인생에 대한 흔한 질문 하나 던져 본다면 '인간은 왜 살아야 하는가?'가 아닐는지. 우리는 이런 질문들은 쓸데 없고 따분하다고 생각하기 쉽지만 정작 이 질문에 대해 진지하게 답을 찾은 사람은 얼마나 될까요. 어떤 소설가는 '인생은 그냥 사는 것이지, 의미를 찾기 위해 사는 것은 아니다'라며 인생에 대해 시큰둥한 태도를 보이는데요. 하지만 인간이 '왜 사는가.'에 대한 고민 없이 살아간다고 정말로 '고민'이 없어질까요? 그러면 인생에 어떤 의미도 없어지는 게 아닐까요? 그래서 '인간에게 왜 살아야 하는가?'라는 질문은 사소하지만 중요하게 느껴집니다. 바로 헤밍웨이는 흔한 인생에서 중요한 것이 무엇인지를『노인과 바다』를 통해 담담하게 풀어냅니다.

헤밍웨이가 특별할 것 없는 사소한 삶에 주목한 이유는 그만큼 그의 삶이 순탄하지 않았기 때문입니다. 헤밍웨이는 1차 세계대전에 참전하여 많은 사람들이 의미 없이 죽어가는 모습을 보았습니다. 또 헤밍웨이 자신도 심한 부상을 입었습니다. 유복한 가정에서 자랐던 헤밍웨이에게 전쟁은 큰 정신적 충격으로 다가왔습니다. 인간이 인간을 무참히 죽이는 광경을 목도한 그는 '과연 인간은 왜, 어떻게 살아야 하는가.'에 대한 고민을 하게 된 것이죠.

『노인과 바다』에 등장하는 노인 산티아고는 매일 매일 흔한 삶을 살아갑니다. 어부인 그는 84일 동안 한 마리의 물고기도 잡지 못하지만 그렇다고 걱정하지 않습니다.  운수가 바닥난 노인이라는 주변 사람들의 조롱도 개의치 않습니다. 물고기를 잡지 못해도 배에 돛을 띄우는 이유는 바다에 나가 낚시를 하는 것이 삶의 일부이기 때문입니다. 몸무게가 오백 킬로그램이나 나가는 물고기를 잡았던 젊은 시절의 영광도 삶의 일부였으며, 85일째 바다로 나가는 배에서 오늘 잡을 물고기에 대해 즐거운 상상을 하는 것도 그저 흔한 삶의 일부분일 뿐입니다. 다만 자신에게 주어진 삶의 순간을 최선을 다해서 살아내는 것. 곧 흔한 삶이 고귀한 삶으로 변주되는 모습을 관록의 눈으로 바라 볼 줄 아는 산티아고는 말합니다.

> "한순간도 물고기를 잊어서는 안 돼. 내가 지금 하고 있는 일만
> 생각해야 돼."

노인은 바다 한가운데서 혼자서는 감당하지 못할 거대한 청새치와 사투를 벌입니다. 온몸이 칼날에 쓸리는 고통을 견디면서도 "지금 이 순간 그걸 다시 증명해 보이려는 것이다. 언제나 매번 새로 처음 하는 일이었고, 그 일을 하고 있는 순간에는 과거를 결코 생각하지 않아."라고 생각합니다. 노인에게는 고통도 기쁨도 흔한 삶의 일부분입니다. 하지만 안간힘을 다해 청새치를 지키지만 곧 피 냄새를 맡고 쫓아온 상어 떼에게 살을 다 뜯기고 뼈만 앙상하게 남게 됩니다. 보잘 것 없는 전리품을 가지고 돌아왔다 하더라도, 만신창이가 되어버린 늙은 몸을 이끌고도 노인은 평범한 삶의 고귀함을 잊지 않습니다.

"만일 행복이 눈앞에 있다면 그리고 큰 노력 없이 찾을 수 있다면, 그것이 모든 사람에게 등한시되는 일이 도대체 어떻게 있을 수 있을까? 그러나 고귀한 것은 힘들 뿐만 아니라 드물다."_스피노자, 『에티카』

스피노자의 말처럼 흔한 삶은 고난과 맞닥뜨렸을 때 고귀함으로 환원되는 게 아닐까요? 누구의 도움도 받을 수 없는 바다에서 벌이는 청새치와의 쟁투 속에서도 노인이 물고기를 감고 있는 밧줄을 끊어 버리지 않은 이유는 바로 순간의 삶의 중요성을 증명하기 위해서일 것입니다. 흔들릴지언정 부러지지 않는 삶입니다. '그 삶의 고귀함은 그저 흔하고 평범한 삶을 살아내는 것'이라는 것을 말입니다. 『노인과 바다』를 읽으며 사소하고 흔한 내 삶의 의미를 만들어 보아야겠습니다.

"인간은 패배하도록 만들어지지 않았어. 사람은 파멸당할 수는 있을지언정 패배하진 않아."

1    이민희의 『별이 되고 싶어』는 죽음에 대해 이야기하는 그림책입니다. 마지막이 아름다운 삶은 어떤 삶일까요?

2    죽음도 우리 삶의 일부라고 할 수 있습니다. '죽음'이란 단어로 '삶'을 정의 내려 보세요.

3    나의 삶이 끝나는 날, 나는 무엇이 되고 싶은가요? 이유와 함께 써 보세요.

4    이 책은 쿠바 연안에서 고기잡이를 하며 살아가는 노인의 이야기를 헤밍웨이 특유의 건조하고 간결한 문체로 그려낸 작품입니다. 이 소설을 읽고 느낀 점을 나누어 봅시다.

5    젊은 시절 기자 생활을 한 헤밍웨이는 소설을 쓸 때도 짤막한 단문 위주로 글을 쓰는 작가로 알려져 있습니다. 작가는 대상에 거리를 두고, 사실의 담담한 진술만을 주제로 드러내는 데 비중을 두고 있는데요. 이를 '하드보일 문체'라고 합니다. 작가가 헤밍웨이처럼 객관적 진술을 중심으로 하는 문체를 쓰는 것의 장단점은 무엇이 있을까요?

노인은 만새기 주둥이에서 낚싯바늘을 빼낸 다음, 남아 있는 정어리를 미끼로 매달아 다시 바다에 드리웠다. 그리고 천천히 뱃머리 쪽으로 돌아갔다. 노인은 왼손을 바닷물에 씻고 바지에 쓱쓱 문질렀다. 이어 오른손으로 힘들게 잡고 있던 낚싯줄을 왼손으로 고쳐 잡았다. 그러고 나서 오른손을 바닷물에 씻으며 바다 너머로 가라앉고 있는 해에 눈길을 한 번 주고는, 이내 낚싯줄의 각도를 살폈다.

6 노인과 소년은 나이와 세월을 뛰어넘는 우정을 나눕니다. 소년은 다섯 살 때부터 노인의 조각배에 같이 타면서 누구보다도 노인과 끈끈한 관계를 맺으며 함께합니다. 노인 역시 먼 바다로 낚시를 나가서도, 함께 있었으면 하는 마음을 여러 차례 드러내는데요. 노인에게 소년이 없었다면, 노인의 고기잡이는 어땠을까요? 이야기를 나누어 봅시다.

6-1 여러분은 노인과 소년처럼 나이와 상관없이 친구가 될 수 있다고 생각하시나요?

> 빨리 몸이 나으셔야 해요. 제가 배울 것도 많고, 저한테 가르쳐 주실 것도 많잖아요.

7 조각배를 타고 혼자 고기잡이를 하는 노인은 거대한 청새치를 잡았지만 상어의 공격을 당합니다. 결국 청새치의 머리와 등뼈만을 가지고 항구로 돌아오게 된 노인은 온몸의 기력을 잃고 깊은 잠에 빠져 듭니다. 이튿날 소년이 찾아와 이제 자신과 함께 고기잡이를 나가자고 노인을 위로합니다. 만약 여러분이 노인이라면 바다에 또 청새치를 잡으러 나가시겠습니까?

> 인간은 파멸할 수는 있을지언정, 패배하지는 않아.

8 『노인과 바다』는 노인이 물고기를 잡는 과정의 험난한 과정과 초라한 결과를 담담하게 보여줍니다. 노인은 낚싯줄에 커다란 놈이 걸려들어, 이틀 밤낮을 허기와 졸음, 외로움과 싸우며 마침내 청새치를 끌어올리는 데 성공합니다. 하지만 이내, 상어떼의 공격으로 청새치의 살을 다 뜯기고 마는데요. 그렇다면, 여러분은 삶에 있어서 과정과 결과 중 어느 쪽이 더 중요하다고 생각하시나요?

9 헤밍웨이가 〈노인과 바다〉를 통해 보여주고 싶은 것은 무엇일
까요?

10 여러분이 『노인과 바다』의 토론 주제를 꺼내 주세요. (뽑은 논제
로 토론해 봅시다.)

# 삐뚤어진 욕심이
# 만들어 낸 파멸

"

가장 큰 욕망에서
가장 무서운 증오가 일어난다.

─ 소크라테스 ─

"

## 『거울 속으로』
이수지 지음 | 비룡소

세상의 시작을 보여주고 있는 성경의 『창세기』에는 인류 문명을 열기 시작한 사람들에 대한 이야기가 많이 나옵니다. 그 중 가장 알려진 이야기는 '바벨탑'에 관한 이야기입니다. 하나님이 만드신 천국과 같은 곳 '에덴동산'에서 불순종의 죄를 범하고 쫓겨난 아담과 하와의 자손들은 인간 스스로의 문명을 만들어가기 위해 각지로 흩어집니다. 그러나 흩어지지 않고 모여 그들의 힘을 자랑하는 사람들이 있었는데 그들이 바로 '바벨탑'을 만드는 사람들이었습니다. 온 땅의 언어가 하나였던 그 때 동방으로 이주하던 어떤 사람들이 불현듯 탑을 쌓자고 의기투합합니다. 그들의 뜻은 탑을 통해 유명해지고 흩어짐을 면하자는 것이었습니다. 하나님만큼 높아지고 싶은 마음에 높디높은 탑을 쌓습니다. 이런 인간의 욕심은 하나님의 노여움을 샀고 하나님은 그들의 언어를 혼잡하게 만들어서 온 세상에 흩어져 살게 만듭니다. 바벨탑은 무너지지요. 잘못된 욕심이 슬픈 결과를 초래했다는 것을 보여주는 일화입니다.

　이수지의 『거울 속으로』는 바벨탑의 이야기처럼 잘못된 욕심이 예기치 못한 불행을 가져 올 수 있다고 말하는 글 없는 그림책입니다. 첫 장면에서 주인공 소녀는 딩 빈 공간에 홀로 앉아 있습니다. 세운 무릎에 얼굴을 묻고 슬픔에 젖은 듯 구석에 앉아 있지요. 소녀에게 필요한 것은 무엇일까요? 소녀는 왜 행복해 보이지 않는 걸까요? 슬퍼하던 소녀는 문득 고개를 들고 옆을 보다 깜짝 놀랍니다.

자신을 바라보고 있는 존재가 있었거든요. 거울 속 자신입니다. 아무리 슬픈 일이 있어도 가만히 내 안을 들여다보면  행복해지고 싶은 또 다른 나가 숨어 있다는 것을 말하고 있는지도 모르겠습니다.

거울 속 그녀에게 호기심을 느낀 소녀는 그녀와 함께 즐겁게 놀기 시작합니다. 마주보면서 폴짝폴짝 뛰어 보기도 하고 함께 춤을 추기도 합니다. 그러다 소녀와 거울 속 그녀는 하나가 되어 거울 속으로 빨려 들어가 버립니다. 마치 주체할 수 없는 기쁨에 빠져드는 것처럼 거울 속 어느 공간으로 소녀들은 사라집니다. 그런데 다음 순간, 예상치 못한 일이 벌어집니다. 거울 속에서 돌아 온 소녀에게 새로운 일이 생깁니다. 거울 속의 그녀가 소녀의 생각대로 움직이지 않거든요. 그녀는 더 이상 소녀를 따라 하지 않습니다. 자기 마음대로 움직이지요. 사람들은 늘 낯선 상황에 당황하기 마련입니다. 나와 다르게 움직이는 거울 속 그녀를 인정하고 함께 즐겼으면 좋으련만 소녀는 거울 속 그녀에게 분노를 느낍니다. 그래서 그만 거울을 깨뜨리고 맙니다. 안타깝게도 소녀는 처음처럼 다시 혼자가 되고 말았습니다.

이 간단한 스토리 속에서 우리는 인간의 삐뚤어진 욕심을 발견할 수 있습니다. 자신의 외로움을 달래준 거울 속 소녀가 자신이 원하는 대로 따라주지 않자 소녀는 분노합니다. 그리고 스스로 파멸을 부릅니다. 과학자 프랑켄슈타인 박사는 자만심에 빠져 생명을 창조하는 신의 영역에 도전합니다. 그 결과로 괴물을 탄생시킵니다. 그러나 그 괴물 때문에 사랑하는 사람들이 죽고 자신의 삶은 송두리째 파괴되고 말지요. 바벨탑의 그들처럼, 『거울 속으로』의 소녀처럼, 잘못된 욕심이 파멸을 불러일으킨 것입니다. 소녀처럼 깨진 거울 앞에서 슬퍼하지 않으려면 나의 욕심이 어디를 향하고 있는지 자주 되돌아보는 지혜가 필요할 것입니다.

# 인간의 존엄을 지키는 길

> **"**
>
> 따라서 모든 질문은 이렇게 응축된다. 인간정신은
> 스스로 만들어낸 것들을 과연 정복할 수 있는가
>
> ─폴 발레리─
>
> **"**

## 『프랑켄슈타인』

메리셸리 지음 | 이인규 옮김 | 푸른숲주니어

현대 과학 기술은 인간의 삶을 더욱 풍요롭고 편리하게 만들었습니다. 우리는 자본주의와 기술 문명이 발달하면서 세계가 하나로 연결되는 시대를 살아가고 있습니다. 과학 기술의 발전이 우리에게 가져다 준 혜택은 일일이 나열하기 어려울 정도로 엄청납니다. 하지만 그러한 '과학의 발달이 정말로 인간의 삶을 행복하게 해 주었는가?'라는 질문에는 선뜻 대답을 하기가 어려운 것도 사실입니다. 알다시피, 과학의 진보에도 불구하고 인간의 가치체계는 점점 더 퇴보하고 있는 것이 아닌가라는 일들이 도처에서 일어나고 있기 때문입니다. 현대의 인간은 과학이 야기시킨, 자연환경 파괴나 윤리적 퇴락, 자본주의 물신성 등과 같은 문제에 대한 적절한 해결책을 찾지 못하고 있습니다. 이는 바로 과학의 발달과 함께 인간이 지켜야할 것은 무엇인가라는 의문을 품게 합니다. 바로 메리 셸리의 『프랑켄슈타인』은 '인간과 과학'이라는 큰 범주에서 앞의 질문에 충실히 답하고자 하는 과학 소설입니다.

　주인공 프랑켄슈타인 빅터는 '인간은 무엇으로 구성되는가?'라는 궁금증을 풀기 위해 실험을 하기로 합니다. 바로 인간을 만들겠다는 야심을 품은 것이죠. 다행인지 불행인지 빅터는 생명을 창조하는 데 성공합니다. 자신의 살을 떼어내어 화합물 속에 집어넣자, 그 살덩이가 증식하여 형태를 갖추면서 비로소 인간의 형상을 띤 존재가 태어난 것입니다. 하지만 빅터는 자신이 창조한 생명이 양심을 느끼지 못하는 괴물이라는 데에 심한 양심의 가책을 느낍니다. 하지만 후회해도 소용없습니다. 괴물은 자신에게 영혼을 불어넣지 않고, 창조주가 자신을 버렸다는 이유로 빅터와 빅터가 소중히 여기는 것들을 하나씩 파괴할 결심을 합니다.

괴물은 인간 세계를 관찰하면서 문명사회를 차츰 알아갑니다. 그는 뛰어난 머리로 플루타르고스와 밀턴의 『실낙원』, 괴테의 『젊은 베르테르의 슬픔』도 이해할 수 있게 되었지만, 사람들은 괴물을 보자마자 그의 흉측한 외모 때문에 기겁을 하고 도망을 갑니다. 괴물의 지식과 교양은 끔찍한 외모를 지닌 그에게 아무런 도움이 되지 않습니다. 절망한 괴물은 빅터에게 자신과 사랑을 나눌 수 있는 여자 괴물을 만들어 달라고 하지만 결국은 거절당하고 맙니다. 괴물은 이제 빅터를 향한 복수를 하기 시작합니다. 빅터가 가장 사랑하는 친구와 약혼자 엘리자베스를 죽이면서 빅터를 파멸에 이르게 합니다.

빅터와 괴물의 애증과 복수의 여정을 볼 때, 우리가 짚어야 할 문제가 있습니다. 먼저, 과학기술이 야기하는 사회적, 윤리적 문제입니다. 이 책은 '과학의 발전은 무조건 좋다.'라는 맹목적인 사고방식에 제동을 겁니다. 과학의 발전도 결국은 인간의 삶을 좀 더 나은 방향으로 나가게 하고, 그로써 풍요롭고 행복한 삶을 기대할 수 있을 때 그 가치가 있는 것이지, 오히려 과학의 발전으로 인간의 삶이 위태로워지면 안 된다는 의미입니다. 핵은 수 만 명의 목숨을 앗아가는 살상 무기가 될 수도, 인간에게 풍부한 에너지를 제공하는 자원이 될 수도 있는 것입니다. '과학'을 어떻게 사용하느냐의 방법론이 인간의 삶을 파멸로 이끌 수도 있고, 인간에게 혜택을 줄 수도 있습니다. 인간은 본디 '하던 것을 계속해서 열심히 하는' 맹목성이 있습니다. 지금과 같이 하는 일이 돈으로 환산되는 자본주의 시대에는 더욱 '하는 일'에 대한 의미와 가치를 따질 겨를이 없습니다. 빨리 빨리 어떤 결과를 도출해야 한다는 압박이 있기 때문입니다. 하지만, 과학의 발전도 인간의 윤리적 기반위에서 행해졌을 때라야 빛을 발하는 것입니다. 메리 셸리는 쉼 없이 달리는 저 '설국열차'처럼 우리의 삶에서 지켜야할 가치가 무엇인가라는 묵직한 화두를 던집니다. 기계적 효율성에 따른 비인격성이 치닫는 사회에서 인간의 존엄을 지켜내기 위해서는 폭주하는 열차를 멈춰 세우고 그 의미와 가치를 따지는 일이 선행되어야 합니다.

둘째, 메리 셸리가 전하는 바는 '인간은 어떤 존재인가'라는 것입니다. 빅터가 창조한 괴물은 훌륭한 머리를 지녔지만, 타인과 감정을 공유하고 나누는 '영혼'을 갖지 못했습니다. 그래서 삶을 절망적으로 느끼지요. 여기서 우리가 짐작해 볼 수 있는 것은 '인간다운 존엄을 지켜내기 위해 삶에서 중요한 것은 무엇인가'입니다. 인간은 고독한 존재입니다. 태어날 때도, 죽음을 맞이하는 순간도 혼자 감내해야 한다는 점에서 그렇습니다. 하지만, 고독한 인간이라 해도 인간이 혼자 살아가는 것은 불가능한 일입니다. 인간은 쓸쓸하고 외로운 존재이지만 다른 사람과 따뜻한 온기를 나누고, 배려하고, 소통하면서 지키면서 살아가는 존재인 것이지요.

셋째는, 외모를 보고 사람을 판단하는 인간 사회에 대한 통렬한 비판입니다. 빅터가 창조한 괴물은 흉측한 몰골 때문에 사람들에게 매질을 당합니다. 괴물은 사람들에게 가까이 다가가고 싶지만 거절 당합니다. 하지만 괴물의 끔찍한 외모는 괴물의 잘못이 아닙니다. 이는 소설의 이야기이지만 우리를 되돌아보게 합니다. 그것은 타인을 대하는 우리의 태도입니다. 외모에 따라 사람을 판단하는 일은, '그래도 된다.'라는 의식을 심어 줍니다. 여러 사람이 하면, '나도 해도 된다.'라는 의식이 알게 모르게 생겨나는 것입니다. 자신의 생김새로 다른 사람에게 평가받고 싶지 않다면, 먼저 자신이 가진 편견과 선입견을 날려 버려야겠습니다.

"현대의 인간은 과학이 야기시킨, 자연환경 파괴나 윤리적 퇴락, 자본주의 물신성 등과 같은 문제에 대한 적절한 해결책을 찾지 못하고 있습니다. 이는 바로 과학의 발달과 함께 인간이 지켜야할 것은 무엇인가라는 의문을 품게 합니다."_ 본문 중에서

1    『거울 속으로』의 소녀는 홀로 슬픔에 빠져 있습니다. 나를 짓누르는 슬픔은 무엇이 있나요? 어떻게 해야 이 어두움을 걷어낼 수 있을지 함께 생각해봅시다.

2    소녀는 거울 속 소녀가 자신을 따라하지 않자 화가 나 거울을 깨뜨리고 맙니다. 지나친 욕심으로 나쁜 결과를 초래한 경험이 있나요? 그 때의 경험을 떠올려 욕심을 절제해야 하는 이유를 말해 보세요.

3    분노를 조절하는 힘은 우리의 삶을 조화롭게 만드는 기술입니다. 나는 화가 날 때 어떻게 하나요? 도움이 되는 방법들을 생각해 봅시다.

4    메리 셸리의 『프랑켄슈타인』은 무생물에 생명을 부여하는 방법을 알아낸 물리학자 프랑켄슈타인의 일대기를 그린 과학소설입니다. 여러분은 이 책을 어떻게 읽으셨나요? 소감을 나누어 봅시다.

5    책에는 자신의 야망을 실현하려고 하는 인물들이 나옵니다. 극지방 탐험가인 로버트 월턴은 사람들의 만류에도 불구하고 북극 항로를 개척하려는 의지를 꺾지 않습니다. 과학자 프랑켄 슈타인 빅터는 무생물에게 생명을 부여할 수 있는 방법을 알아내고 행

동으로 옮깁니다. 여러분은 월턴과 빅터와 같이 자신의 일에 열정을 다 바치는 태도에 대해 어떻게 생각하십니까?

6 괴물은 자신의 모습이 흉측하다는 이유로 사람들이 자신을 혐오하고 끔찍하게 여긴다는 것에 큰 상처를 받습니다. 그래서 인간 세상에서 사는 것을 포기하고 혼자 쓸쓸히 살다가 죽고 싶다고 생각합니다. 사람의 외모만을 보고 그 사람이 가진 내면까지 판단하는 일은 비단 소설 속의 이야기만은 아닙니다. 우리 주변에는 외모 때문에 차별받고, 상처를 받는 일이 비일비재합니다. 예컨대, 사람들은 우리나라에 일을 하러온 동남아시아계 노동자들, 장애 때문에 신체 활동이 자유롭지 못한 사람들에게 곱지 않은 시선을 보내기도 하는데요. 이렇게 우리 주변에서 흔히 일어나는 외모에 따라 가해지는 부당한 대우에는 어떤 것이 있을까요? 경험을 나누어 봅시다.

> 난 인간 세계로 돌아가고 싶은 마음은 털끝만큼도 없소. 문명 세계의 인간들이 나에게 해준 것이라고는 오직 몽둥이질과 돌팔매질밖에 없었소. 내 생김새가 기괴하고 추하다는 단 한 가지 이유 때문에 말이오. 다시 돌아가 봤자 나에겐 틀림없이 예전과 똑같은 일이 일어나겠지. 그러니 차라리 저 얼음 바다 위에서 영원히 나 혼자 지내는 게 백배 낫소. 물론 혹독한 추위를 견디지 못해 결국 죽고 말겠지만 말이오. 하지만 부당한 박해와 고통을 당하느니 오히려 추위로 얼어 죽는 편이 훨씬 낫다고 생각하오.(p.199)

**7**  프랑켄슈타인은 '사람은 왜 죽는 걸까? 죽음을 거스르는 방법은 없을까? 생명을 만들어 낼 수 있다면 죽음도 통제할 수 있지 않을까?'(p.25)라는 호기심으로 자신의 몸에서 살덩어리를 베어내어 괴물을 창조하는 데 성공합니다. 하지만 빅터에 의해 창조된 괴물은 뛰어난 사고능력을 가졌지만, 사람을 죽이고도 죄책감을 느끼지 못하는 존재로 태어납니다. 그래서 괴물은 자신을 이토록 흉측하게 만들어 사람들에게 혐오감을 준 빅터를 조금씩 파괴합니다. 빅터와 그의 가족을 파멸에 이르게 한 원인은 무엇일까요?

> 빅터는 인간의 육체를 기계적 존재에서 사고하는 존재로 바꾸는 그 신비로운 힘이 과연 무엇인지 생각해 보았다. … 인간의 육체는 세포로 이루어져 있고, 뇌는 그 일부일 뿐이야. 따라서 뇌 역시 세포로 이루어진 것에 불과해. 그렇다면 뇌를 구성하는 세포들의 비밀을 일반 근육이나 심장에서 찾아낼 수 있을지도 있지 않을까? (p.38)

**8**  프랑켄슈타인은 괴물이 창조된 후의 일에 대해서는 미처 생각하지 못했습니다. 괴물은 자신에게 '영혼'을 주지 않은 빅터를 원망하고 증오합니다. 혐오스러운 외모 때문에 사람들과 함께 어울리며 살아갈 수 없다고 판단한 괴물은 인간 세계를 떠나 혼자서 쓸쓸히 살아갈 수밖에 없다고 말합니다. 여러분은 이러한 괴물의 판단에 대해 어떻게 생각하십니까?

> 당신이 잉골슈타트에 그대로 남아서, 보통의 아버지들이 하듯이 나를 자식이라고 여기고 가르쳤다면, 나는 선과 악을 제대로 이해할 수 있게 되었을지도 모르오.

> 하지만 당신은 그러지 않았고. 내가 이 세상에서 얻은 최초의 지식은
> 바로 나를 낳은 아버지가 내 생김새가 혐오스럽다는 이유로 비명을 지
> 르며 달아났다는 사실이오. (p.107)
>
> 나는 누구에게도 조롱을 받지 않는 곳, 즉 나보다 좋은 운명을 타고난
> 인간들에게 아무런 조롱도 받지 않는 곳에서 혼자 조용히 살다가 죽고
> 싶소. (p.198)

**9** 괴물은 자신이 훌륭한 머리를 가졌지만 인간 존재로서의 정체성이
형성되지 않은 채 세상에 버려졌다는 것에 괴로워합니다. 하지만,
오두막에 구멍을 뚫어 인간 세상에 대한 이야기를 들을 때, "인간
이란 그렇듯 강인하고 품위를 지닌 듯하면서도, 한편으로는 악랄
하고 비열하기 짝이 없구나."(p.123)라는 것을 깨닫게 됩니다. 괴물
은 인간 세계를 관찰하면서 인간이 가진 속성을 파악해 나가는데
요. 그렇다면, 보다 훌륭한 인간이 되기 위해 갖추어야 할 조건은
무엇일까요? 생각해 봅시다.

> 나의 가족과 친구들은 어디에 있는가? 나의 어린 시절을 지켜 주었어야
> 할 아버지는 또 어디에 있는가? 다정한 미소로 나를 맞아 주었어야 할
> 어머니는 또 어디에 있는가? 나의 어린 시절은 어디로 갔는가? 나는 어
> 디에서 왔으며 어디로 가야 하는 것인가? 나는 누구인가? 어째서 나는
> 이투록 외로운 것인가? 나는 내 존재에 대해 끝없는 질문을 스스로에게
> 던지며 생각에 잠기곤 했소. (p.120)

**10** 빅터는 괴물의 제안을 받아들여 여자 괴물을 창조하려고 하지만,

마음의 가책을 느껴 실험을 중단합니다. 빅터가 만약 여자 괴물을 창조하는 데에 성공했다면 이야기는 어떻게 바뀌었을지 상상해 봅시다.

> 만약 지금 물탱크에서 자라고 있는 괴물의 모습이 저스틴과 똑같다면, 마음과 성격 역시 저스틴과 똑같을 가능성이 크지 않겠는가? 말하자면 이 여자 피조물은 육체적으로는 물론이고 정신적으로도 죽은 저스틴과 똑같은 인간이 될 수 있는 것이다! 그렇다면 저스틴이나 다름없는 존재를 어떻게 윌리엄의 살인자이자 저스틴 자신을 죽게 만든 장본인인 그 괴물에게 배우자로 넘겨줄 수 있단 말인가? (p.162)

11  메리 셸리의 『프랑켄슈타인』이 현대를 살아가는 우리에게 전하는 바는 무엇일까요?

# 색깔 있는 삶을 만드는 기막히게 멋진 여행

"

아주 멀리까지 가 보고 싶어 그곳에서 누구를 만날 수가 있을지
아주 높이까지 오르고 싶어 얼마나 더 먼 곳을 바라볼 수 있을지...
새로운 풍경에 가슴이 뛰고 별것 아닌 일에도 호들갑 떨면서
나는 걸어가네...내가 자라고 정든 이 거리를 난 가끔
그리워하겠지만 이렇게 나는 떠나네, 더 넓은 세상으로

― 김동률 '출발' ―

"

## 『멋진, 기막히게 멋진 여행』
마티스 드 레이우 지음 | 그림책공작소

앞의 발문은 가수 김동률의 '출발'이라는 노랫말입니다. 여행을 하며 설레는 마음과 시원한 풍경이 눈에 펼쳐지는 듯합니다. 마티아스 드 리우의 『멋진, 기막히게 멋진 여행』은 '출발'이라는 노래 가사처럼 더 넓은 세상으로 여행을 떠나게 해 주는 그림책입니다.

하늘까지 쭉쭉 뻗은 나무들로 둘러싸인 시원한 숲에 작은 오두막집이 한 채 있습니다. 그 집에는 키 큰 숲을 닮은 키 큰 아저씨가 삽니다. 어느 날 문득 키 큰 숲 너머에는 무엇이 있을까 궁금해진 아저씨는 여행을 떠나기로 합니다. 작은 오두막집을 뜯어내어 뚝딱뚝딱 망치질을 해서 기다랗고 기다란 장대 다리를 만듭니다. 더 멀리 보고 더 성큼성큼 걸어서 더 넓은 세상을 구경하고 싶었겠지요. 새로운 것을 찾아, 더 많은 것을 배우기 위해 떠나는 여행에는 일상을 무너뜨리는 용기가 필요합니다. 오두막집을 뜯어내어 장대 다리를 만들듯이 여행의 즐거움을 위해 우리의 일상을 잠시 접어 두라고 이야기합니다.

여행을 떠난 장대다리 아저씨는 그 긴 다리로 성큼성큼 걸어 숲을 벗어나 바다로 갑니다. 인어 공주도 있고 숨겨진 보물선도 있는 바다 깊은 곳을 들여다보고 물고기들의 시원한 유영도 바라봅니다. 코끼리랑 악어가 있는 정글로 가서 원숭이와 함께 바나나도 까 먹습니다. 계곡에서 만난 인디언 친구들은 부러진 장대다리도 멋지게 고쳐 줍니다. 휘영청 달빛 가득한 마녀산 꼭대기에서는 장대다리 마주 놓고 해먹을 걸어 늘어지게 편안한 잠도 자 봅니다. 북극도 가고 남극도 가고 도시의 서커스도 만납니다. 장대다리 아저씨의 기막히게 멋진 여행은 아저씨에게 무엇을 남겼을까요? 수많은 친구들과 생생한 추억들이 남았을 것입니다. 그 추억을 붙들어 두고 싶었을까요, 장대 다리 아저씨가 마지막으로 들른 도시의 항구에는 여행에서 만난 추억 속의 친구들이 모두 나와 인사를 합니다.

길쭉길쭉 나무가 가득한 숲에 장대다리로 만든 오두막이 다시 생기고 아저씨의 여행은 끝이 났습니다. 하지만 오두막집은 여행을 떠나기 전 그 밋밋한 오두막집이 아닙니다. 알록달록 페인트칠을 한 색깔 있는 집이 되었습니다. 오두막집처럼 아저씨의 마음도 생각도 많이 변했을 것입니다. 여행에서 만났던 친구들과의 추억도 알록달록 아름답게 담기고, 시원한 바다, 깊은 산, 아름다운 풍경도 담아 왔겠지요. 다시 일상을 살아낼 만큼 마음 가득 행복을 담아왔을 것입니다.

80일 만에 세계 일주를 해보이겠다고 자신 있게 내기를 하고 여행을 떠나는 '필리어스 포그'(『80일간의 세계일주』, 쥘 베른), 매일 똑같은 시간에 똑같은 일을 할 만큼 정확한 사람이었던 그가 일상을 과감히 접고, 곳곳에 예상치 못한 일이 넘치는 여행을 떠난 것은 '내기'에서 이기기 위해서도 자신의 정확한 계산을 증명하기 위해서도 아닙니다. 여행에서 담아 올 수많은 이야기들과 사람들이 자신의 삶을 변화시키고 행복을 주리란 것을 알고 있었기 때문이겠지요. 장대다리 아저씨처럼요.

# 여러분의 자유는 안녕하신지

**"**

나는 내 정열의 지배를 받지 않습니다.

나는 자유인입니다.

— '그리스인 조르바' 중에서 —

**"**

-------------------------------------------------

## 『80일간의 세계 일주』

쥘 베른 지음 | 송무 옮김 | 푸른숲주니어

21세기 최첨단 문명 시대를 살아가고 있는 우리는 그 어느 때보다 편하고 자유로운 삶을 누리고 있습니다. 기술의 발전은 인간의 노동을 대신하여 인간에게 신체적, 시간적 여유를 주었습니다. 특히 항공기술은 인간이 세계를 여행하는 데 드는 시간을 획기적으로 단축 시켰을 뿐만 아니라, 세계의 공간적 거리도 좁혀주었습니다. 또한 지금의 시대는 봉건제사회나 신분제사회와 같이 사회적 규범과 관습이 개인의 생각과 행동을 규제하는 일도 없습니다. 앞으로 개인에게 주어지는 자유는 더욱 확대될 것입니다. 하지만 개인의 자유를 방해하고 규제하는 시공간적, 사회적 제한이 사라져가고 있다고는 해도, 정말로 '인간이 과거에 비해 자유롭게 살아가고 있는가?'라고 묻는다면 고개를 가로 젓는 경우가 대부분입니다. 우리는 더욱더 '자유로워지는 시대'를 살고 있지만 점점 더 '자유롭지 못한' 아이러니한 시대를 살고 있습니다. 그 이유는 우리의 삶을 자세히 들여다보면 금방 알게 됩니다. 우리의 하루는 늘 '해야만 하는 일들'로 꽉 차 있습니다. 우리는 정말 최선을 다해 하루를 살아갑니다. 하지만 빽빽하게 채워진 하루 스케줄을 하나씩 그어나가는 충실한 삶이 자유로운 삶이라고는 말하기가 어렵습니다. 그렇습니다. 우리는 바쁘게 살기 내문에, 해야 할 많은 일들 때문에, '자유'라는 말 자체를 생각할 여유가 없습니다. 바쁜 삶이 자유에 대한 생각을 차단한 것입니다.

    따라서 현대인에게 자유는 '지켜내야 하는 것'이 아닐까요. 자유는 내가 원한다고 주어지는 게 아니라, 그것을 침해하는 요소들을 하나씩 제거해가면서 지켜내야 하는 '소중한 가치'인 것입니다. 삶에서 소중한 가치를 지켜내기 위해서는 해야만 하는 여러 가지 일들 중에 '자신이 원하는 일'을 선택하고 그것을 밀고 나가는 '용기'가 있어야 합니다. 바로 자유는 선택과 용기를 필요로 합니다. 자유를 그 무엇에도 구속되지 않고 자신의 의지로 결정할 수 있는 상태라고 할 때, 여러 가지 선택지 가운데 '자신이 원하는 것'이 무엇인지에 대한 끈질긴 '자기탐구'가 뒷받침 되어야 함은 물론입니다. 무엇인가를 선택함으로써 혹은 포기함으로써 생길 수 있는 손해나 불이익에 대해서 자신이 수용할 수 있는 태도가 '자유'를 결정짓기 때문입니다. 결국 그렇게 되면 나의 결정으로 뒤따를 수 있는 어떤 사항을 감수하고서라도 '하고 싶은 일'이 남게 됩니다. 따라서 '선택'하는 것은 자신만의 의지로 삶을 가꾸어 나가겠다는 의미이며 이는 자유로운 삶을 위해 취할 수 있는 첫 번째 태도이기도 합니다. 바로 선택과 용기는 떨어지지 않는 자석과 같은 존재이며, 그 속에는 자유가 있는 것입니다. 따라서 자신이 원하는 것을 선택하고 그에 걸맞게 살아간다는 것은 '자유로운 삶'이라고 볼 수 있습니다. 여러분은 자신의 자유를 지키기 위해서 용기를 내고 있습니까?

쥘 베른의 『80일간의 세계 일주』의 주인공 영국 신사 포그는 매우 자유로운 인간입니다. 그는 면도하는 물의 온도까지 정해 놓을 정도로 철두철미한 생활을 하지만 한편으론 세상에 대한 엄청난 호기심을 가진 자유분방한 인물입니다. 영혼의 자유로움은 인간의 호기심을 충동질하는 것일까요? 포그는 영국 신사들이 들락거리는 '개혁클럽'에서 80일 만에 세계를 돌지 못하면 2만 파운드를 주겠다는 내기를 합니다. 그리고 집으로 돌아와 간단한 짐을 꾸린 후, 하인 파스파르투와 2만 파운드의 돈을 가지고 곧장 세계여행을 떠납니다. 파란만장한 이들의 세계여행은 놀랍고 위험천만한 일의 연속입니다. 인도에서는 코끼리를 타고 밀림을 지나다가 화형에 처할 위기에 놓인 여인을 구하기도 하고, 붕괴 위험에 놓인 철로를 목숨을 걸고 통과하기도 하며, 인디언에게 끌려간 인질을 구하러가면서 위험에 봉착하기도 합니다. 이 모든 일은 포그의 호기 어린 내기가 없었다면 일어나지 않을 일이었습니다. 하지만 포그는 돈을 벌기 위해서 모험에 나선 것은 아닙니다. 매일 반복되는 삶 속에 또 다른 세계의 모습을 꿈꾸고 그것을 실현하기 위해 80일 만에 세계를 여행한다는 모험에 나선 것입니다. 다행히도 포그는 여행을 통해 진정한 자유를 얻을 수 있었고, 그는 여행을 하면서 그 무엇에도 구속받지 않았습니다. 자신이 선택한 일에 대해서는 과감한 결단력으로 밀고 나갔습니다. 설령 그것이 내기에서 패하고, 자신의 재산과 목숨까지 잃는다고 해도 굴하지 않았습니다. 이는 내게 주어진 조그마한 일도 스스로 결정하지 못하고 뒤로 숨어버리는 우리의 모습을 비춥니다. 어쩌면 인간에게 자유란 스스로 만들어 내고, 없애기도 하고, 지켜내는 것이 아닐까요? 우리는 포그가 '자유'를 지켜가는 방식을 통해 알게 됩니다. '내 자유는 내가 지킬 수 있다!'라는 것을. 우리는 삶에서 '내가 원하는 것을 하나쯤은 할 수 있는 자유'를 위한 '작은 용기' 정도는 간직하며 살아야 하지 않을까요?

1 『멋진, 기막히게 멋진 여행』에서 자신의 보금자리였던 오두막집을 모두 해체하여 여행을 위해 장대다리를 만드는 아저씨의 마음은 어떤 마음이었을까요? 가지고 있던 모든 것을 버리는 두려움은 없었을까요? 상상해 보세요.

2 내가 장대다리 아저씨였다면 가장 행복했던 여행지는 어디였을 까요? 상상해 보세요.

3 내가 떠났던 여행을 떠올려보세요. 나는 여행을 통해 무엇을 느 끼고 무엇을 배웠나요?

4 쥘 베른의 『80일간의 세계 일주』는 점잖은 영국신사 포그와 하인 파스파르투의 80일 동안의 좌충우돌 모험담입니다. 여행을 하면 서 이들은, 코끼리를 타고 인도의 울창한 밀림을 통과하고, 위험 에 빠진 여인을 구하기도 하고, 인디언의 습격에서 목숨을 구하기 도 합니다. 여러분은 이 책을 어떻게 읽으셨나요? 책을 읽은 소감 을 나누어 봅시다.

5 책포그와 하인 파스파르투가 벌이는 80일간의 세계 여행은 놀라 운 일의 연속입니다. 이들이 겪은 아래와 같은 모험에서 어느 부 분이 가장 인상적이었나요? 이유와 함께 나눠 봅시다.

- 인도의 밀림에서 화형에 처할 위기에 닥친 여인 아우다를 구한 일
- 붕괴될 위험의 다리를 기차를 타고 전속력으로 건너간 일
- 술에 취한 파스파르투가 주인 포그를 잃고 헤매던 일
- 인디언의 습격으로 파스파르투와 인질 2명이 납치된 일
- 영국으로 가는 배의 연료가 떨어져 암담했던 일
- 포그가 픽스에게 체포되어 구치소에 수감되었던 일

5-1 여러분도 어디론가 훌쩍 떠나고 싶은 곳이 있나요? 어느 곳으로 가고 싶나요?

6 포그는 '개혁클럽'의 신사들과 '80일만의 세계 여행'이 가능하며 만약 실패할 경우 전 재산의 반을 내놓겠다는 내기를 합니다. 이후 포그는 여행에서 일어나는 어떤 불가항력적인 어려움에도 굴하지 않고 침착하게 해결하는 모습을 보여줍니다. 반면에 하인 파스파르투는 주인의 결단을 믿고 따르면서도 끊임없이 걱정하고 불안해합니다. 그렇다면, 포그가 여행에서 '위험천만한 일'들이 벌어질 때마다 침착함과 냉정함을 잃지 않으려고 노력했던 이유는 무엇일까요? 생각해봅시다.

파스파르투는 여행 중에 일어났던 일들을 하나하나 되돌아보고, 자신을 구하기 위해 주인이 쏟아 부은 돈을 전부 계산해 보았다. 그리고 나나서 주인이 내기에 져서 완전히 파산하고 말 것이라는 데 생각이 미치

자 도무지 참을 수가 없었다. 그는 자기 자신에게 욕설을 마구 퍼부었다. 하지만 포그는 파스파르투를 탓하지 않고 그저 이렇게 말할 뿐이었다.
"이 문제는 내일 생각해 보도록 하지."(p.181)

**7** 책 속의 등장 인물 포그와 파스파르투는 서로 다른 성격을 지니고 있습니다. 포그는 면도물의 온도까지 정해 놓을 정도로 한 치의 흐트러짐이 없는 신사입니다. 그는 워낙 말이 없고 남의 이목을 끌지 않으려 애를 씁니다. 감정표현을 전혀 하지 않기 때문에 그가 어떤 사람인지 제대로 아는 사람은 거의 없습니다. 여행에서 일어나는 나쁜 일에 대해서도 그 누구의 탓도 하지 않습니다. 반면에 프랑스 출신 파스파르투는 말하기를 좋아합니다. 장난기 가득한 쾌활한 성격으로 누구하고도 쉽게 친근해집니다. 여행에서 주인 포그에게 나쁜 일이 생기면 자신과 다른 사람을 탓하며 후회하는 모습을 보이는데요. 세계 여행을 하면서  포그의 냉정하고 진지한 성격과 파스파르투의 다감하고 활기찬 성격은 서로에게 어떤 영향을 미쳤을까요? 생각을 나눠 봅시다.

포그는 마흔 살쯤 되어 보이는 잘생긴 신사였다. 사람들은 그를 대단한 멋쟁이라 여겼을 뿐 아니라, 상류층의 다른 어떤 신사들보다도 돋보이는 사람이라 말하고들 했다. 그러나 그에 대해 말할 수 있는 것이라고는 그것이 전부였다. 그는 가능한 말을 아꼈기에 더 신비로워 보이는지도 몰랐다(p.9)

파스파르투의 둥글둥글한 얼굴과 장난기가 어린 파란 눈, 발그레한 볼은 누구에게나 호감을 주었다. 실제로 그는 항상 남을 도울 준비가 되어 있는 친절하고 다감한 사람이었다.(p.15)

7-1 여러분은 포그와 파스파르투 중, 어느 성격 유형을 더 좋아하십니까?

8 여행 중에 파스파르투는 기차 승객 2명과 함께 인디언에게 인질로 끌려가자 포그는 지체 없이 그들을 구하러 가겠다고 나섭니다. 하지만 대위는 인디언을 추격하는 일은 "세 명을 구하기 위해 오십 명의 목숨을 위험에 빠뜨릴 수 있는"(p.165) 위험 천만한 일이라고 말합니다. 이에 대해 포그는 "위험에 처한 사람을 구하는 것이 가장 우선적인 인간의 도리"(p.165)라고 강조하며 혼자라도 그들을 구하러 가겠다고 말합니다. 다행히 여러 사람들이 기지를 발휘하여 파르파르투와 인질들은 무사히 구출했지만, 잘못했다간 구하러 간 사람들이 전부 목숨을 잃을 수도 있는 절체절명의 순간이었습니다. 그렇다면, 여러분은 위험을 무릎 쓰고 서라도 인질들을 구출하러 가겠다는 포그의 선택을 어떻게 생각하십니까? 자유롭게 말해 봅시다.

"그럼 우리 모두를 구해 준 파스파르투를 죽게 내버려두고 나 혼자서 그냥 가 버릴 거라 생각하셨소? 나는 갈 겁니다." 대위는 포그의 모습에 크게 감동하여 소리쳤다. "알겠습니다. 선생님! 용기가 대단하군요. 혼자 가게 두진 않을 겁니다. 자, 제군들! 누가 이 신사 분과 함께 가겠나? 지원자 삼십 명 앞으로!" 대위가 부하들을 향해 외치자 부대원 전체가 앞으로 나섰다. (p.166)

9 영국의 형사 픽스는 끊임없이 포그의 뒤를 쫓습니다. 영국의 은행에서 5만 5천달러를 훔친 범인이 틀림없이 포그일 것이라고 생각한 것입니다. 하지만 80일간의 세계 여행 동안 형사 픽스는 포그를 가까이에서 지켜보게 되면서 마음이 조금씩 흔들리게 됩니다. 영국 땅에 도착해서도 픽스는 포그를 바로 체포하지 않고 조금 더 두고 보는데요. 포그의 무엇이 픽스의 마음을 움직였을까요? 의견을 나눠 봅시다.

포그는 하인이 포로로 잡혔다면 구출해 오는 것이 자신의 의무이자 도리라고 생각했다. 그는 단호하게 말했다. "죽었든 살았든 반드시 데려올 겁니다." 포그는 이 결정으로 모든 것을 잃을 수도 있었다. 하루라도 더 지체하다간, 뉴욕에서 출발하는 배를 놓칠 것이 뻔했기 때문이다. 그러면 내기에서 지게 된다. 하지만 그는 조금도 망설이지 않았다.(p.165)

10 포그는 여행길에서 생기는 문제를 대부분 돈으로 해결합니다. 목적지까지 가기 위해 코끼리를 사고, 후한 값을 쳐주고 배를 통째로 사는 식입니다. 하지만 여행에서 일어난 난관들 중에는, 돈으로 해결하지 못하는 것들도 분명 있었는데요. 포그가 '돈으로 해결하지 못한 일들'이 무엇인지 책의 내용을 떠올려 봅시다. 그리

고 이를 통해 알 수 있는 것은 무엇인지 생각을 나눠 봅시다.

10-1 포그와 파스파르투, 픽스가 이번 여행으로 알게 된 것을 바탕으로 다음의 정의를 내려 봅시다.

"여행이란, _____ 이다."

# 나를 잃지 않는 선택

> **"**
> 자아는 이미 만들어진 것이 아니라
> 선택을 통해 계속 만들어가는 것이다.
>
> — 존 듀이 —
> **"**

**『토끼들의 섬』**

요르크 슈타이너 글 | 요르크 뮐러 그림 | 비룡소

내가 하고 싶은 것을 하는 삶, 내가 할 수 있는 것을 즐겁게 하는 삶. 능동적으로 자신의 삶을 만들어가는 일은 우리의 삶에 '자존감'과 '즐거움'을 가져다줍니다. 그러나 획일화된 교육과 규격화된 사회현실은 우리를 현실의 틀에 맞추라고 날마다 요구하고 있습니다. 『토끼들의 섬』은 이렇게 우리를 가두고 있는 틀에 대해 이야기합니다. 이야기는 '토끼 공장'에서 시작됩니다. 토끼 공장은 토끼를 좁은 철창 안에 가두고 컨베이어 벨트로 먹이만 날라다 주며 살이 찌도록 먹게 하는 곳입니다. 날마다 새로운 토끼들이 들어오고 그 토끼들은 계절도 시간도 알 수 없는 이곳에서 그저 살만 찌우다 도살장으로 끌려가지요. 토끼들은 살이 쪄 통통해지면 더 좋은 곳으로 간다고 믿고 있습니다. 한낱 사람들이 먹는 고기나 모피코트가 될 신세인데도 그것을 모르고 철창 안의 삶에 나름의 이유를 붙이고 있는 것입니다.

　토끼 공장에 어느 날 들판에서 갓 잡힌 자그만 갈색 토끼가 들어옵니다. 커다란 회색 토끼와 만나지요. 두려움에 떠는 갈색 토끼에게 커다란 회색토끼는 토끼 공장에 떠도는 '유토피아'에 대한 이야기를 합니다. 빼빼 마른 토끼들이 상자에 담겨 공장에 오면 통통한 토끼가 되고 통통한 토끼는 좋은 데로 가게 된다고 말입니다. 이야기를 들은 갈색 토끼는 회색 토끼에게 반문합니다. "거기에도 당근이 자랄까? 낮에는 햇빛이 비치고 밤에는 달빛이 비칠까?" 회색 토끼는 까마득히 기억에도 없는 당근, 햇빛, 달빛, 토끼풀 같은 단어들을 들으며 마음속에 변화가 일어납니다. 토끼 공장의 삶에 안주하던 마음에 새로운 도전 의식이 생긴 것이지요. 그리고 급기야 가게 될 곳을 직접 알아보자는 갈색 토끼의 획기적인 제안을 받아들입니다. 함께 벽을 긁어 구멍을 뚫고 공장을 빠져나온 갈색토끼와 회색토끼는 들판을 가로지릅니다. 작지만 날쌘 갈색 토끼는 어리바리하게 자연에 적응하지 못하는 회색토끼를 도우며 깡충깡충 뛰어다닙니다. 그러나 흐르는 시냇물을 보면서 움직이는 컨베이어 벨트인줄 알고, 배가 고파도 민들레와 토끼풀을 먹지 못하는 회색토끼, 자연이 두려운 회색토끼는 안타깝게도 하루를 버티지 못하고 공장으로 돌아가고 맙니다.

'토끼들의 섬', 토끼 공장에는 안락함은 있지만 미래는 없습니다. 토끼들이 꿈꾸는 '토끼들의 섬'은 약속된 미래인 것 같지만 신기루일 뿐입니다. 진정한 토끼들의 섬은 자유로운 자연 속에 있건만 토끼 공장 친구들은 모두 그 곳을 잊었습니다. 공장 안의 위험한 평화에 깃들여진 회색 토끼의 커다래진 몸은 자신을 짓누르는 무거운 털 코트 같아 보입니다. 벗어 던질 수 있었지만, 이미 한 몸이 되어버린 털 코트에 눌려 회색 토끼는 그만 차가운 공장 안으로 돌아가 버리고 맙니다.

회색 토끼가 벗어날 수 없었던 커다란 몸과 토끼 공장은 아카키의 삶을 변화시키고 죽음으로 몰고 간 그의 '외투' (『외투』, 니콜라이 고

꼴)를 떠오르게 합니다. 덩치 큰 회색토끼처럼 짧은 안락을 선택할 것인가, 작고 야무진 갈색토끼처럼 위험한 자유를 선택할 것인가는 우리들 각자의 몫입니다. 하지만 거대한 공장처럼 세상을 지배하고 있는 자본주의의 그림자 속에서 인간의 존엄을 지키며 빛으로 살아가는 길은 '나'를 잃지 않는 것입니다. 세상 속에 살고 있지만 세상의 지배를 받지 않는 '나'를 지켜내는 것이야말로 우리가 반드시 지켜야 할 '인간의 존엄'인 것입니다.

# 내 욕망은 누구의 것인가

『외투』
니콜라이 고골 지음 | 노에미 비야무사 그림 | 이항재 옮김 | 문학동네

니콜라이 고골의 『외투』는 '욕망'에 관한 이야기입니다. 사전적 정의를 보면 욕망이란 '무엇을 가지려고 하는 마음'입니다. 무엇을 가지려고 하는 마음은 그 무엇이 부족하다고 느끼기 때문이 아닐까요. 따라서 욕망이란 '어떤 결여를 채우려는 행동이나 마음'이라고 할 수 있습니다. 그런 의미에서 인간에게 욕망은 숙명입니다. 인간은 죽는 순간까지 '무엇'을 욕망하면서 살기 마련이니까요. 철학자 발터 벤야민은 "인간은 단순한 생명체가 아니다"라는 말을 했습니다. 그것은 '인간은 그저 먹고 살다가 죽는 존재는 아니다.'라는 의미입니다. 인간이란 끊임없이 무엇인가 새로운 것을 찾고, 탐구하며, 자신의 존재가치를 인정받으려고 하기 때문이죠. 욕망하는 존재로서의 인간이 기억해야 할 것은 자신이 그 '욕망'을 인식하고, 자신의 삶에서 어떻게 조율할 것인가가 중요하다고 할 수 있습니다. 이러한 욕망의 메커니즘을 니콜라이 고골은 소설 『외투』에서 주인공 아카키를 통해 우리에게 보여줍니다.

　가난한 하급 관리인 『외투』의 주인공 아카키는 관청에서 서류를 베껴 쓰는 일을 합니다. 그는 일을 하다가 자신이 좋아하는 글자를 빌견하면 슬쩍 웃음을 보일 정도로 자신의 일에 애정을 가지고 있습니다. 그래서일까요? 400루블이라는 비교적 적은 급료도 그에게는 아무 문제가 되지 않습니다. 하지만 주변 동료들은 하루하루 열심히 즐겁게 살아가는 아카키를 놀리고 비아냥거립니다. 그들은 정서하는 일 외에는 잘하는 일이 없다는 이유로 아카키를 무시하고 조롱합니다. 하지만 아카키는 이에 아랑곳하지 않습니다. 그는 정서하는 일에서 자신만의 세계를 발견하며 어떤 삶의 결여를 느끼지 못합니다. 내적인 만족감으로 살아가는 아카키에게 주변의 시선은 중요하지 않습니다.

하지만, 어느 유난히 추운 겨울날 낡아서 더 이상 입을 수 없게 된 외투 대신 새 외투를 장만하기로 하면서 아카키의 삶에는 변화가 찾아옵니다. 먼저 새 외투 값을 마련하기 위해 눈물겨운 절약을 실천합니다. 차 안 마시기, 촛불 안 켜기, 발끝으로 걸어 다니기도 모자라 조금씩 먹던 저녁 식사를 굶기까지 합니다. 풍족하지는 않지만 자족적인 삶을 살던 아카키에게 절제하는 삶은 힘들었습니다. 하지만 새 외투라는 새로운 목표가 생긴 이상 더 아껴야만 했습니다. 아카키는 '새 외투'는 아카키에게 행복을 가져다 줄 것이라 믿습니다. 미래의 행복을 위해 지금의 행복을 잠시 미뤄두는 것이죠. 그러던 중 마침내 아카키는 '새 외투'를 구입하여 입고 관청에 출근을 합니다. 아카키의 새 외투를 보고 깜짝 놀란 동료들은 칭찬을 아끼지 않으면서 기념으로 저녁 파티를 열어주겠다고 합니다. 기분이 한껏 좋아진 아카키의 말과 행동 또한 달라집니다. 정서하는 일도 건너뛰고, 지나가는 여자를 갑자기 뒤쫓아 가보기도 합니다. 하지만 초대 받은 저녁 파티를 마치고 집으로 돌아오던 아카키는 강도를 만나 새 외투를 빼앗기고 맙니다. 이후 아카키는 외투를 찾기 위해 경찰서장을 찾아가는 등 갖은 노력해보지만 결국 열병을 얻어

시름시름 앓다가 숨을 거둡니다. '새 외투'에 대한 아카키의 열망은 결국 아카키의 파멸로 끝나고 맙니다.

그렇다면 아카키는 자신의 열망을 모두 쏟아 부었던 '새 외투'를 얻고 나서 정말로 '행복해졌을까요?'를 살펴보아야겠습니다. 그래야 인간에게 작동하는 '욕망'의 메커니즘을 엿볼 수 있을 테니까요. 그는 '새 외투'를 장만하기 전에는 많이 가진 것은 없지만 자신의 일을 사랑하고 거기서 보람도 느꼈다고 했습니다. 하지만 '새 외투'를 장만하고 난 후에는 주변의 영향을 많이 받습니다. 주변사람들의 시선과 칭찬에 따라 자기도 모르게 우쭐대기도 하면서 '새 외투'의 존재가치가 더욱 커지게 되는 것입니다. 이제 아카키에게 '새 외투'는 자신의 행복을 보장해줄 없어서는 안 될 중요한 물건이 된 것입니다. 그래서일까요? 아카키는 빼앗긴 외투를 찾기 위해 자신의 삶을 잃어버립니다. 그렇게 열심히 했던 정서하는 일도 깡그리 잊어버리고 오로지 '새 외투'를 찾기 위해 정신을 집중하지요. 사람들은 아카키에게 '새 외투'가 없자 다시 예전처럼 아카키에게 관심을 기울이지 않습니다.

이렇게 '새 외투'나 '타인의 시선'이 가져다주는 행복은 그 가치가 쉽게 무너져버리기 마련입니다. 그 무엇에도 흔들리지 않는 튼튼한 내적인 욕망이 무엇인지 알고, 그것을 자신의 삶에서 실현하는 삶이 진정으로 우리가 지켜야 할 삶일 것입니다. 왜냐하면 내적인 욕망과 그에 따른 행복은 '자신이 없어지지 않는 한' 언제까지

나 지속 가능하기 때문입니다. 한마디로 믿을 만한 것입니다. 외부에 의한 욕망이나 행복은 깨진 항아리에 물 붓기입니다. '새 외투'는 반드시 '헌 외투'가 되기 마련이며, 사람들의 평가는 아카키의 의지와 상관없이 늘 바뀔 수 있으니까요. 따라서 현명한 사람이라면 외적인 욕망보다는 내적인 욕망을 키우기 위해 자신을 돌아보아야 하는 것입니다. 철학자 라캉은 "인간은 타인의 욕망을 욕망한다." 라는 말을 남겼습니다. 내가 욕망하는 것이 다른 사람들이 '좋다고, 멋지다고 추켜세우는 것'을 마치 내가 욕망하는 것으로 착각하는 것은 아닌지 자신을 더욱 들여다봐야겠습니다. 지금 나의 욕망이 정말 '나를 위한 욕망인가'를 끊임없이 돌이켜 보게 하는 책, 고골의 『외투』였습니다.

"자본주의의 그림자 속에서 인간의 존엄을 지키며 빛으로 살아가는 길은 '나'를 잃지 않는 것입니다. 세상 속에 살고 있지만 세상의 지배를 받지 않는 '나'를 지켜내는 것이야말로 우리가 반드시 지켜야 할 '인간의 존엄'인 것입니다."_ 본문 중에서

1 『토끼들의 섬』에는 토끼 공장에 만족하는 회색 토끼와 자연으로 돌아가려는 갈색 토끼가 있습니다. 나는 회색 토끼일까요? 갈색 토끼일까요? 스스로를 돌아보고 왜 그렇게 생각하는지 이야기해 보세요.

2 회색 토끼는 왜, 자연의 자유로움을 채 느끼기도 전에 공장으로 돌아갈 수밖에 없었을까요? 회색 토끼의 마음이 되어 이야기해 보세요.

3 갈색 토끼는 자연으로 돌아가 '토끼로서의' 평범한 일상을 찾습니다. 내가 매일 하고 있는 일 중에 나의 '자존감'을 세우기 위한 일은 무엇이 있나요? 찾아보세요.

4 니콜라이 고골의 『외투』는 하급 관리 아카키 아카키예비치가 새 외투를 구입하고 일어나는 일들을 중심으로 펼쳐지는 이야기입니다. 어렵사리 구입한 새 외투를 강도들에게 빼앗긴 아카키는 절망하여 결국은 열병으로 목숨을 잃게 되는데요. 여러분은 이 책을 어떻게 읽으셨나요? 소감을 나누어 봅시다.

5 고골의 『외투』의 주인공 아카키는 '새 외투'를 마련하기 위해 갖은 고생 (차 안 마시기, 촛불 안 켜기, 발끝으로 걸어 다니기, 실내복만 걸치기, 저녁마다 굶기)을 합니다. 그리고 수 개월 만에 새 외투를 장만하는 데 성공하는데요. 이런 아카키에게 '새 외투'는 어떤 의미였을까요?

> 실제로 새 외투는 두 가지 이점이 있었다. 하나는 따뜻하다는 것이고, 다른 하나는 기분이 좋다는 것이다. (p.38)

6 여러분에게 '외투'와 같은 존재는 무엇인가요? 이야기를 나누어 봅시다.

7 하급 관리 아카키는 간단한 서류를 베껴 적거나 잘못된 글자를 고치는 일을 합니다. 아카키는 자신이 하는 일에 대해서만큼은 어떤 실수도 하지 않는 성실한 인물입니다. 하지만 관청의 관리들은 정서하는 일 외에는 잘 하는 것이 없는 아카키를 멸시하고 조롱하는 한편, 아카키가 '새 외투'를 입고 오자 동료관리들은 기념 파티를 열어 주겠다고 하는 등 헌 외투를 입었을 때와는 전혀 다른 태도를 보입니다. '새 외투'를 입고 동료들의 칭찬을 받은 아카키는 기분이 좋아지는데요. 여러분은 동료들의 칭찬과 이에 반응하는 아카키의 행동에 대해 어떻게 생각하십니까? 자유롭게 생각을 나눠 봅시다.

> 국에서는 어느 누구도 아카키를 존경하지 않았다. 경비원들은 그가 지
> 나갈 때 자리에서 일어나지 않았을 뿐만 아니라, 흔한 파리 한 마리가
> 응접실을 날아가는 양 그에게 눈길조차 주지 않았다. (중략) 젊은 관리
> 들은 사무적인 기지를 맘껏 발휘해 그를 조롱하고 놀려댔다.(p.13)

8   아카키의 행색은 초라하기만 합니다. 수선조차 할 수 없을 정도
로 낡은 외투를 입고 다니지만 그 누구보다 만족하는 생활을 하
고 있습니다. 무엇보다 자신의 일을 좋아하고 일로써 보람을 느
낍니다. 하지만 '새 외투'를 빼앗기고 나서 아카키의 생활 모습은
크게 변합니다. 아카키는 낡은 외투 대신 '새 외투'를 입고 나서
전혀 다른 말과 행동(정서하는 일을 건너뛰고, 미끈한 다리를 드
러낸 여자가 그려진 그림을 호기심 있게 쳐다보며 미소 짓고, 야
회에서 샴페인도 마시고, 지나가는 여자를 갑자기 뒤쫓아 감)을
보입니다. 그렇다면, 만약 외투를 빼앗기지 않았더라면 아카키는
어떤 삶을 살았을까요?

> 그는 실컷 정서를 한 뒤 '내일은 하느님이 어떤 정서할 거리를 보내주
> 실까?'하고 생각하면서 미소를 띤 얼굴로 잠자리에 들었다. 사백 루블
> 의 급료를 받고 자기 운명에 만족할 줄 알았던 사람의 평온한 생활은
> 그렇게 흘러가고 있었다. (p.19)

9   관료체계 속에서 모욕당하고 상처 입은 가난한 하급관리 아카키
는 갖은 절약을 통해 새 외투를 구입하지만, 곧 강도를 당해 외투
를 잃고 마는데요. 이에 충격을 받은 주인공은 외투를 찾기 위해

고관을 찾아가 도움을 청하지만 심한 면박만 당하고 결국, 열병으로 숨을 거두고 맙니다. 아카키를 죽음으로 몰고 간 원인은 무엇일까요? 곰곰이 생각해 봅시다.

10 도스토예프스키는 "우리 모두는 고골의 '외투'에서 나왔다."며 이 작품을 극찬한 바 있습니다. 이 소설의 가치, 어디서 찾아야 할까요?

> "결국 우리 모두는 고골의 '외투'에서 나왔다"는 도스토예프스키의 말은 고골 이후 러시아 작가들이 고골이 창조한 주인공의 형상, '작은 인간'에 대한 연민과 동정, 사회적 도덕적 풍자 같은 주제의식, 그리고 사물과 인간에 대한 세밀한 묘사 등에 직간접적으로 빚지고 있음을 공언한 것이다. (p.77)

# 시공을 초월하는
# 우정에 관하여

**"**

우정을 끝낼 수 있다면 그 우정은

실제로 존재하지 않은 것이다.

—성 제롬—

**"**

『**곰인형 오토**』

토미 웅거러 지음 | 비룡소

토미 웅거러는 기발한 패러디와 절묘한 풍자를 통해 우리가 사는 세상에 대해 되돌아보게 하고 우리 삶의 소중한 가치들을 찾아보게 하는 그림책 작가입니다. 그의 이야기를 가만히 듣고 있다 보면 익살스러운 표현들이 재미있어 웃음이 나기도 하지만 그가 주는 묵직한 메시지에 가슴이 저려오기도 합니다. 특히 토미 웅거러의 작품에는 '관계'에 대한 성찰을 던져주는 이야기가 많아, 읽고 있으면 저절로 마음이 따뜻해지곤 합니다.『곰인형 오토』역시 '토미 웅거러' 작품의 특징이 물씬 풍기는 그림책입니다.

　곰인형 오토는 독일의 어느 자그마한 공장에서 태어났습니다. 사랑스럽게 만들어져 '다비드'라는 소년의 집으로 배달되었지요. 다비드의 단짝인 오스카와 다비드, 오토는 늘 함께 붙어 다니며 즐거운 놀이들을 만들어내곤 했습니다. 함께 한 시간들이 쌓이며 셋은 서로에게 소중한 친구가 됩니다.

　그런데 어느 날 다비드의 옷에는 노란 별표가 달립니다. '유대인'이라는 그 표시 때문에 다비드와 다비드의 부모님은 얼마 되지 않아 제복을 입은 사람들에게 잡혀가고 오토와 오스카만 남게 됩니다. 오토와 오스카는 다비드 이야기를 나누느라 밤을 지새웠지만 오랜 기다림에도 다비드는 돌아오지 못합니다. 전쟁이 나고 전쟁의 소용돌이 속에 오토는 오스카와도 헤어집니다. 때로 우리들의 '관계'는 의도하지도, 원하지도 않은 어떤 일 때문에 끊어져 버리기도 합니다. 하지만 이미 서로에게 소중한 사람이 되었다면, 눈에 보이지 않는 관계의 끈은 시간도 공간도 초월합니다.

오토는 전쟁터에서 한 군인을 만납니다. 그 군인이 오토를 안아 올리는 순간 총알이 날아와 그를 쓰러뜨립니다. 총알은 오토에게 먼저 맞아 군인은 치명상을 입지 않고 목숨을 구합니다. 덕분에 오토는 전쟁 영웅이 되고, 유명해지기까지 하지요. 군인은 오토를 그의 사랑하는 딸에게 줍니다. 오토의 행복한 날이 다시 시작되고 새로운 인연은 만들어집니다. 하지만 시간이 지나며 다시 사람들에게 잊혀지고 버려져 어느 골동품 가게 구석에 진열됩니다. 그렇게 의미 없는 세월이 흐르는 것 같던 어느 날 우연히 관광객으로 지나가던 오스카가 오토를 발견합니다. 둘은 다시 만났고, 오스카와 오토의 놀라운 만남에 대한 이야기가 신문에 실립니다. 그리고 유대인 수용소에서 살아남은 다비드도 그들을 찾아옵니다. 세월이 지나 오토는 낡고, 오스카와 다비드는 나이 들었지만 그들은 다시 셋이 되어 뭉쳤습니다. 그리고 예전처럼 평화롭게 살기로 합니다.

『곰인형 오토』의 이야기 속에는 전쟁의 아픔, 평화의 소중함, 유대인 학살 등의 묵직한 메시지가 담겨져 있습니다. 더불어 곰인형 오토와 두 친구의 우정을 통해 친구라는 존재가 우리의 삶을 얼마나 풍요롭게 해주는지도 따뜻한 시선으로 보여줍니다.

'곰인형 오토'의 우정은 셰익스피어의 『베니스의 상인』을 떠오르게 합니다. 잔혹한 고리대금업자 샤일록과의 재판에서 통쾌한 기지를 발휘한 안토니오와 그 친구들의 이야기는 친구를 위해 목숨까지도 아까워하지 않는 멋진 우정을 보여주지요. 오토와 오스카, 다비드가 헤어져 있어도 서로를 잊지 못한 것처럼, 안토니와 바사니오의 우정은 시간도 공간도 초월하여 믿음으로 이어져 있었습니다. 우리의 젊은 날을 에메랄드처럼 파랗게 빛나게 해주는 우정, 시공을 초월하는 우정 앞에 경의를 표하게 되는 이야기들입니다.

# '선한 차별'에 감춰진
# 이면(裏面)

> **"**
>
> 셰익스피어는 수도관 속을 흐르는 물 같은 존재다.
> 수도관은 닳아 버릴지라도 물은 영원히 사라지지 않는다.
>
> ─스탠리 웰스─
>
> **"**

『**베니스의 상인**』

셰익스피어 지음 | 찰스램 메리램 엮음 | 현기영 옮김 | 창비

역사상 가장 위대한 작가라고 칭송받는 셰익스피어. 영국의 비평가 토마스 칼라일은 "셰익스피어를 인도와도 바꾸지 않겠다."라고 말한 바 있습니다. 이는 영국인들이 셰익스피어에게 얼마나 큰 자부심을 갖고 있는지를 보여줍니다. 셰익스피어는 엘리자베스 1세가 통치하던 1564년 영국의 작은 시골마을에서 태어났습니다. 그의 어린 시절의 기록은 거의 남아있지 않지만, 18세 때인 1582년 8살 연상인 앤 해서웨이와 결혼하면서부터의 기록을 보면 그에게 새로운 인생의 전기가 찾아온 것으로 보입니다. 셰익스피어는 이후 런던으로 진출하고 극작가 겸 배우로 활동을 시작하면서 승승장구합니다. 이 무렵의 셰익스피어는 다른 사람이 이미 쓴 내용을 모방했거나, 각색했다는 호된 비난을 받지만 이를 계기로 그는 독창적인 작품을 쓰기위해 엄청난 노력을 기울여 이후에는 그를 세계적 작가의 반열에 올려놓는 빛나는 작품들을 탄생시킵니다. 그 중에 하나인 『베니스의 상인』으로 들어가 봅시다.

　『베니스의 상인』은 친구를 위해 유대인 샤일록에게 돈을 빌린 안토니오의 재판 과정을 다룬 이야기입니다. 책의 배경이 되는 16세기 베니스는 유대인에 대한 차별이 심했습니다. '유대인은 돈밖에 모르는 교활하고 잔인한 악인'이라는 사회적 편견이 베니스의 사람들의 의식 속에 자리 잡고 있었던 것이죠. 베니스의 젊은 상인 안토니오 또한 유대인 샤일록을 무척이나 미워합니다. 샤일록이

비싼 이자를 받고 상인들에게 돈을 빌려주어 막대한 재산을 모았기 때문입니다. 이에 반해 안토니오는 친절하고 예의가 바르고 나라의 명예를 존중한다는 이유로 사람들에게 좋은 평판을 받고 있었습니다. 유대인에 대한 무시와 멸시는 그들의 마음속에 기독교도들을 향한 복수심을 키우게 했습니다. 인종과 종교가 다르다는 이유로 끊임없이 핍박받는 다면 누구나 억울한 마음이 들 것입니다. 따라서 어떤 면에서 보면 샤일록은 당시 사회에서 철저하게 '소외된 인물'이라고 할 수 있습니다. 그가 안토니오에게 돈을 빌려주고 기한 내에 갚지 못하면 안토니오의 목숨을 빼앗으려던 복수극에 대한 책임은 어쩌면 베니스의 사람들도 피해갈 수 없습니다. '샤일록'이라는 인물은 아무렇지 않게 타인을 차별하고 냉대하는 베니스 사회에 던지는 일침이기도 한 것입니다.

안토니오와 바사니오는 깊은 우정을 지닌 친구입니다. 친구를 위해서라면 목숨도 버릴 수 있습니다. 결혼 비용이 필요했던 바사니오는 안토니오가 돈을 마련해준 덕분에 용모와 지혜가 뛰어난 포셔와의 결혼에 성공을 합니다. 안토니오는 돈을 갚지 못하면 자신의 살1파운드를 떼어주겠다는 조건을 내걸고 샤일록에게 돈을 빌렸던 것입니다. 운명의 장난일까요. 두 사람의 우정을 질투하기라도 하듯, 안토니오는 샤일록의 돈을 기한 내에 갚지 못합니다. 이제, 안토니오는 꼼짝없이 자신의 살1파운드를 떼어 줄 상황에 처했습니다. 안토니오를 구하기 위해 고군분투하는 바사니오의 급박한 상황을 전해들은 포셔는 판사로 변장을 하고 법정에 들어섭니다.

재판장에서 포셔는 먼저, 샤일록에게 자비를 베풀어 안토니오의 목숨은 구해주라고 설득합니다. 하지만 평소 안토니오에 대한 복수심으로 가득 찼던 샤일록이 포셔의 제안을 받아들일 리가 없습니다. 거듭 거절하는 샤일록에게 포셔는 "자, 그렇다면 살을 베어 낼 준비를 하시오. 피는 한 방울도 흘려서는 안 되고, 살은 1파운드 넘게 베어도 안 되고 모자라게 베어도 안 되오. 딱 1파운드라는 걸 명심하시오. 저울 눈금이 털끝만큼이라도 움직이면 당신은 베니스의 국법에 따라 사형에 처해 지게 될 것이고, 당신의 재산은 모두 국고에 몰수될 것이오." 라고 단호하게 말합니다. 이렇게 상황은 역전됩니다. 샤일록은 포셔가 내린 명령대로 이행할 능력이 없습니다. 한 치의 오차도 없이, 피 한 방울도 허용하지 않고 1파운드의 살을 베어 내는 것은 불가능하기 때문입니다. 샤일록은 모든 것을 포기한 채, 모든 판결을 받아들이고 쓸쓸히 집으로 돌아갑니다.

그렇다면 우리는 포셔의 판결을 두고 사랑과 우정을 지키게 한 '명 판결'이라고 할 수 있을까요? 먼저 짚어볼 것은, 계약을 이행하지 않은 사람은 안토니오라는 점입니다. 채무 불이행시 살을 떼어내 준다는 샤일록과 맺은 계약이 아무리 부당한 것이라 할지라도 그 모든 일에서 안토니오는 일정 부분 책임을 면할 수는 없습니다. 하지만 재판 진행 과정에서 안토니오에 대한 처벌은 빠져있습니다. 그러면서도 재판관 포셔는 샤일록에게 사회에서 용인하는 기독교인에 대한 '자비'를 설파합니다. 하지만 이는 유대인과 기독교인에게 차별 없이 허용되는 '자비'는 아닙니다. 유대인에 대한 차별이 극심했던 당시 사회를 볼 때, 포셔가 말하는 자비는 안토니오와 같은 기독교인이 누릴 수 있는 자비요, 유대인에게는 결코 허용될 '자비'는 아닌 것입니다. 샤일록이 받던 냉대는 간과한 채, 안토니오의 불리한 입장만을 변호하려는 당시 베니스 사람들의 태도를 두고 공평하다고 할 수 없습니다. 당시 유대인들은 이렇게 선한 것, 좋은 것, 정의로운 것으로부터도 소외되었습니다. 누구에게는 허용되는 자비가 누군가에게는 허용되지 않는다면, 결코 건강한 사회라고 할 수 없을 것입니다. 셰익스피어는 이렇게 관습과 인습에 물든 당시 베니스 사회의 위선을 향해 펀치를 날리고 있습니다. 사랑과 우정, 자비와 자선과 같은 따뜻한 말들이 시대와 상황, 구성원들에 따라 폭력으로 뒤바뀔 수 있다는 셰익스피어의 경고는 지금의 시대를 사는 우리에게 가하는 일침이기도 합니다. 우리도 '선한 목적'으로 누군가에게 차가운 시선을 보낸 적이 있는지 돌아보아야겠습니다.

"자비의 본질은 강요할 수 없는 거요. 그것은 하늘에서 땅 위로 내리는 부드러운 비와 같고 이중의 축복인데 베푸는 사람과 받는 이의 축복이며 최강자의 최강점으로서 옥좌 위의 왕에게 왕관보다 더 잘 어울린답니다."_ 윌리엄 셰익스피어, 〈베니스의 상인〉

1   『곰인형 오토』에서 오토와 오스카, 다비드가 좋은 친구가 될 수 있
    었던 것은 무엇 때문일까요? 어떻게 하면 친구와 우정을 만들어
    갈 수 있는지 생각해보세요.

2   나치의 유대인 학살은 전범에 해당하는 죄입니다. 내가 유대인
    학살자를 앞에 둔 판사라면 어떻게 재판을 할까요? '유대인 학
    살'의 잘못된 점을 논리적으로 정리해보세요.

3   오랜 세월이 흐른 뒤, 세 친구는 다시 만났습니다. 오토는 낡고,
    두 친구는 늙었지만 그들의 삶은 다시 행복해졌습니다. 세 친구
    의 삶을 행복하게 만든 것은 무엇일까요? 행복의 조건에 대해 내
    생각을 말해보세요.

4   『베니스의 상인』은 영국의 극작가 윌리엄 셰익스피어가 쓴 대표적
    인 작품입니다. 친구를 위해 생명을 담보로 한 계약서에 서명한 안
    토니오와 그의 살 1파운드를 떼어내려는 샤일록의 공방(攻防)을
    다룬 이야기입니다. 여러분은 이 책을 어떻게 읽으셨나요? 책을 읽
    은 소감을 나누어 주세요.

5 이 책에서 '베니스에 살았던 고리대금업자 샤일록과 젊은 상인 안토니오는 서로를 무척 미워'(p.166)합니다. 안토니오는 누구보다 친절하고 예의가 바르지만(p.167), 유독 샤일록을 향해서는 혹독한 돈놀이를 한다는 비난(p.166)을 퍼붓습니다. 이에 샤일록은 마음 속 깊이 복수심을 키우게 되고 결국 안토니오에게 돈을 빌려준 것을 빌미로 그의 목숨을 빼앗으려고 하는데요. 안토니오와 샤일록이 서로에게 잘못한 점은 무엇일까요? 생각을 나눠 봅시다.

> 자연히 이 탐욕스러운 유태인과 관대한 안토니오는 서로 원수처럼 지냈다. 안토니오는 금전거래소에서 샤일록을 종종 만나곤 했는데, 그때마다 샤일록을 향해서 혹독하기 짝이 없는 돈놀이를 한다고 맹렬히 비난하곤 했다. 샤일록은 여러 사람들 앞에서 이런 모욕을 받으면 겉으로는 참는 척하면서도 마음속으로는 복수심을 불태우고 있었다. (p.166~167)

6 이 책의 배경이 되는 베니스는 당시 유대인들에 대한 증오와 차별이 심했던 상업도시였습니다. 젊은 상인 안토니오는 사람들한테 좋은 평판으로 인정받고 있는 데 반해, 샤일록은 돈 밖에 모르는 교활하고 잔인한 사람으로 취급당하는데요. 유대인에 대한 무시와 멸시로 인해 샤일록은 마음속으로 복수심을 키워갑니다. 이는 우리나라에 일을 하러 온 동남아시아 사람들을 차별하는 우리의 태도와 다르지 않습니다. 그렇다면, 샤일록이 품는 기독교인에 대한 원망과 원한의 감정의 책임은 누구에게 더 크다고 보십니까?

> 안토니오는 누구보다도 친절하고 예의가 발랐다. 그리고 당시 이탈리
> 아 사람으로서 안토니오만큼 고대 로마식의 명예를 존중하는 사람도
> 드물었다. 그러니 시민들한테 사랑받은 것은 너무나 당연한 일이었다.
> (p.167)

- 개인(샤일록 자신)

- 사회(베니스 사회 사람들)

7  가난한 바사니오는 부잣집 딸 포셔와 결혼하기 위해 자신이 가
진 배경을 속입니다. 안토니오가 마련해 준 돈으로 화려한 행렬
을 꾸리는데요. 거짓말을 해서 결혼을 하려는 바사니오의 행동에
대해서 어떻게 생각하나요?

> 안토니오가 이렇게 생명의 위험을 무릅쓰면서까지 마련해준 돈으로 맞
> 선 준비를 마친 바사니오는 그라티아노라는 신사를 앞세우고 여러 하
> 인을 뒤에 따르게 하여 화려한 행렬을 이루어 벨몬트로 떠났다. 바사니
> 오의 청혼은 흔쾌히 받아들여져 포셔는 그를 남편으로 맞아 곧 결혼식
> 을 올리기로 했다. (p.172~173)

8  법관으로 위장한 포셔는 바사니오에게 친구를 구해준 대가로 그
의 결혼반지를 달라고 합니다. 다른 반지를 구해다 주겠다는 바
사니오의 말에 포셔는 "사람 거지 취급 하지 마시오"(p.189)라며
화를 냅니다. 난처해진 바사니오는 법관에게 반지를 주고 마는데
요, 여러분 이라면 '결혼반지'를 주어야 할 난처한 상황에 어떻게
대처하시겠습니까? 기발한 아이디어를 나누어 봅시다.

> 다른 것은 무엇이라도 괜찮지만 그 반지만은 누구한테도 줄 수 없는 물
> 건인데 달라고 하니 바사니오는 정말 괴롭기 짝이 없었다. 그래서 몹시
> 당황한 표정으로 그 반지는 바로 아내의 선물인데, 무슨 일이 있어도
> 손가락에서 빼지 않기로 맹세한 물건이라 그것만은 줄 수 없노라고 말
> 했다. (p.188)

**9** 안토니오는 샤일록의 돈을 갚지 못하고 계약을 이행하지 못했습니다. 하지만 포셔는 샤일록에게 "자비를 베풀어 주시오."(p.180) 라고 설득하면서도 안토니오에게는 아무런 처벌을 내리지 않습니다. 포셔는 자신의 제안을 거절한 샤일록에게 그의 재산의 반은 안토니오에게 나머지 반은 국고로 몰수하라는 판결을 내립니다. 다만 샤일록이 진심으로 회개하여 예수교인이 된다면 벌금으로 몰수된 재산의 반도 용서받아 찾게 될 것이라고 덧붙입니다. 여러분은 '포셔의 판결'에 대해 어떻게 생각하십니까? 생각을 나눠 봅시다.

> "자, 살을 베어 낼 준비를 하시오. 피는 한 방울도 흘려서는 안 되고, 살
> 은 한 근 넘게 베어도 안 되고 모자라게 베어도 안 되오. 딱 한 근이라
> 는 걸 명심하시오. 저울 눈금이 털끝만큼이라도 움직이면 당신은 베니
> 스의 국법에 따라 사형에 처해지게 될 것이고, 당신의 재산은 모두 원
> 로원에 몰수될 것이오."(p.185)

9-1 여러분이 판사라면 안토니오와 샤일록에게 어떤 처벌을 내리겠습니까?

10 『베니스의 상인』에서 안토니오와 샤일록의 재판은 서로에 대한 미움과 시기, 질투에서 촉발된 앙심이 복수심으로 표출되고 있습니다. 이는 우리 사회에서 일어나는 사건, 사고의 모습과 다르지 않습니다. 함께 어울려가는 사회에서 오해와 충돌은 생겨나기 마련인데요. 인간 사회에서 일어나는 모든 분쟁을 '법'으로 해결하기는 어려울 것입니다. 그렇다면, 개인들에게 일어나는 분쟁은 어떻게 해결할 수 있을까요?

11 『베니스의 상인』을 읽고 토론한 소감을 나누어 봅시다.

4장

우리가
만들어 갈
세상

# 실패를 딛고 성장하다

> ❝
>
> 길은 험하고 진흙탕이었습니다.
> 저의 한 발이 미끄러져 진흙탕에 넘어졌고 다른 다리도
> 길 밖으로 빠졌습니다. 그렇지만 저는 곧 일어서면서
> 스스로에게 말했습니다. 난 단지 미끄러졌을 뿐이지.
> 굴러 떨어진 건 아니야.
>
> ―에이브러햄 링컨―
>
> ❞

**『조지프의 마당』**
찰스 키핑 지음 | 사계절

앞의 발문은 노예 해방을 이룬 미국 16대 대통령 에이브러햄 링컨의 말입니다. 그의 삶은 말 그대로 파란만장했습니다. 사업 실패, 여러 번의 낙선, 신경쇠약이 따라 다닌 삶이었기에 친구들은 그의 주변에서 모든 칼과 면도날을 치워버릴 정도였다고 합니다. 하지만 그는 좌절하지 않았습니다. 실패의 자리에서 일어나 변화하고 성장했습니다. 실패를 통해 배운 진리를 밑거름 삼아 다시 일어섰던 것입니다.

『조지프의 마당』은 우리의 삶이 실패를 통해 변화하고, 실패를 통해 성장할 수 있다는 것을 보여줍니다. 주인공 조지프는 미소년입니다. 웃음기 없는 얼굴에 노란 곱슬머리, 커다랗고 동그란 안경을 쓰고 무심히 독자를 향해 서 있습니다. 조지프의 마당에는 벽돌담, 나무 울타리, 돌바닥, 녹슨 고철로 꽉 차있습니다. 비가 내리고, 햇볕이 내리쬐고, 바람이 불고, 눈이 쌓여도, 조지프의 마당엔 녹슨 고철들뿐이었습니다. 그러던 어느 날 조지프는 "고물 삽니다!"하고 외치는 소리를 듣습니다. 고물장수에게 녹슨 고물 바퀴를 주고 나무 한 그루와 바꿉니다. 돌바닥 하나를 들어내고 나무를 심고, 꽃이 피는 것을 지켜보는 조지프의 얼굴에는 드디어 웃음이 번집니다. 조지프는 활짝 핀 꽃이 예뻐서 꺾었습니다. 하지만 꽃은 이내 시들어버리고 조지프는 다시 혼자가 됩니다. 첫 번째 실패였지만 조지프는 낙담하지 않습니다. '꽃을 꺾으면 생명을 꺾어 버리는 것'이란 사실을 알게 되었습니다.

봄비가 내리고 따스한 햇볕이 내리쬐자 조지프는 나무가 되살아난 것을 알았습니다. 이번에는 꽃이 피어도 꺾지 않았지요. 나무가 있으니 벌레들이 찾아오고, 벌레가 있으니, 새들이 찾아옵니다. 새들이 있으니 고양이들이 찾아들었지요. 조지프는 나무를 보호하기 위해 그들을 마당에서 내쫓고 외투로 나무를 덮어주었습니다. 그 때문에 꽃은 다시 죽고 맙니다. 조지프는 또 다른 실패를 통해 다시 한 가지를 배웠겠지요. 계절이 바뀌고 나무가 살아나자 조지프는 나무를 가만히 두었습니다. 꽃도 벌레도 새도 고양이도 모두 다시 돌아오고 조지프는 행복해집니다. 나무가 쑥쑥 자랐듯이 조지프의 마음도 생각도 쑥쑥 자랐을 것입니다.

조지프는 마당에 가득 쌓인 고철을 버리고 꽃나무를 선택합니다. 그리고 꽃나무를 통해 배우고 자랍니다. 소년 싱클레어는 인생의 첫 시련 앞에서 데미안을 만납니다. 그리고 끝날 것 같지 않은 청춘의 방황 속에서도 자신을 지지해 주는 존재인 데미안을 통해 성장하며 자기 자신을 찾아갑니다. (『데미안』, 헤르만 헤세) 물러서지 마세요. 여러분이 넘어진 그 자리가 새로운 일이 만들어지는 시작점이 될 것입니다. 행복한 조지프의 마당을 꿈꾸며 일어선다면 천리 길을 성공적으로 시작할 수 있을 것입니다.

# 내 삶을 온전히 살아내는 일

"

깨달은 사람에게는 오로지 한 가지의 의무밖에 없다.
자기 자신을 탐색하고 자기 안에서 확고해지는 것,
그 길이 어디로 이끌든 자신만의 길을 계속 더듬어
앞으로 나아가는 것이다.

― 데미안 중에서 ―

"

## 『데미안』

헤르만 헤세 지음 | 정은경 옮김 | 푸른숲주니어

"인간이 무엇인지 아는 사람은 이제 거의 없다." 헤르만 헤세가 『데미안』의 서문에서 한 말입니다. 잔잔한 호수에 돌을 던지는 듯한 이 말은 인간 내면의 어떤 지점을 두드리는 것 같습니다. 헤세가 정의내린 저 거대한 명제에 대해 어설프게라도 답을 찾아보는 과정이 『데미안』을 충실히 읽는 태도가 아닐까 합니다. 먼저, 헤르만 헤세가 우리에게 던진 이 말에는 "인간이란 무엇인가", "그런 인간에 대해 탐구해 보았는가?"라는 두 가지 뜻을 품고 있습니다. 짐작하듯이, 이는 지금의 시대를 살아가는 사람들이 정작 '인간 존재의 의미'를 잘 인식하지 못하고 있는 데에 대한 일침입니다. 자신의 정체를 찾지 못한 인간들은 쉽게 휘둘리고 어두운 세계로 빠져들 수 있기 때문입니다. 헤세는 인간으로서 주어진 삶을 온전히 살아내기 위해서는 바로 인간이 무엇인지 아는 것이 다른 그 무엇보다 선행되어야 한다고 강조하고 있는 것입니다. 따라서 "인간이란 무엇인가에 대한 탐구"는 "인간 내면에는 무엇이 자리 잡고 있는가."라는 질문이 전제 됩니다. 이러한 함의를 품고 있는 『데미안』은 한 존재가 치열하게 자신을 성찰해가는 내적 성장의 기록입니다.

　헤세는 인간의 내면에는 빛과 어두움, 선과 악이 공존한다고 말합니다. 사춘기 소년 싱클레어는 자신 속에 존재하는 두 세계 사이에서 끊임없이 갈등합니다. 독실한 기독교 집안의 아들인 싱클레어는 가족 안에서 평안함을 느낍니다. 그것은 사랑과 존경, 관용과 배려 등의 빛의 세계입니다. 하지만 동네 악당 크로머로 인해 어둠의 세계로 들어가게 됩니다. 도둑질을 한 적이 있다는 이야기를 꾸며내고 그 일로 꼬투리를 잡힌 싱클레어는 동네의 악당 크로머에게 혹독하게 괴롭힘을 당합니다. 크로머의 협박 속에 온갖 나쁜 짓을 하면서도 마음 한편으로는 양심의 고통을 느낍니다. 크로머에 의해 어둠의 세계로 들어간 싱클레어는 이후 더욱 금지된 것을 갈망하는 자신을 발견합니다. 김나지움에서 만난 친구 베크를 따라 술집을 떠돌고, 성을 갈망하는 육체와 그것을 제어하고자 하는 정신 사이에서 혼란스러움을 느낍니다. 길을 잃고 방황하는 싱클레어를 아예 송두리째 뒤흔들어 놓기도 하고, 자신의 길을 찾을 수 있도록 안내하는 사람이 바로 데미안이라는 청년입니다. 데미안 덕분이었을까요. 싱클레어는 빛과 어두움, 선과 악의 혼란 속에서 자신에게 일어나고 있는 균열들을 오래도록 바라봅니다. 자신의 삶을 이끄는 것은 과연 무엇인지 열심히 대면한 결과 싱클레어는 '자신의 내면'에 가깝게 다가서게 됩니다. 헤세는 데미안의 입을 빌려 말합니다. '자기 자신에 이르는 길'은 자신의 내면에서 일어나는 무수히 많은 파열들을 끈질기게 바라보는 것으로 시작한다고 말입니다.

> "새는 알에서 나오려고 힘겹게 싸운다. 알은 세계다. 태어나기를
> 원하는 자는 하나의 세계를 깨뜨려야 한다."

힘들게 '알을 깨고' 세계로 나온다고 하더라도, 그 세계에서 '자

신을 찾는 일'은 너무나도 힘겨운 일입니다. 세계는 이미 기존 규범과 도덕, 가치로 단단하게 구축되어 있기 때문입니다. 사람들이 당연하다고 '정해놓은 것'들에서 자유로워지기 위해 싱클레어는 자신을 가리고 있는 장막을 하나씩 걷어냅니다. 무엇이 인간의 삶을 가치 있게 만드는 것인지 끊임없이 고민하면서 세상과의 싸움을 이어갑니다. 이는 싱클레어가 '자신만의 길'로 걸어가기 위해 오롯이 홀로 치러야 할 혹독한 투쟁입니다.

> "세상 사람들의 기준으로 보면, 표식을 지닌 사람들이 이상하게 보일 수도 있었다. 어쩌면 위험해 보일지도 몰랐다. 우리는 이미 깨달았거나 깨달아 가는 사람들이었다. 다른 사람들은 자신의 견해와 이상, 의무, 삶, 행복을 군중의 그것들과 일치시키기 위해 노력했고, 또 거기에서 커다란 행복과 기쁨을 찾았다. 그러나 우리는 점점 더 완벽하게 깨달으려고 노력했다."

싱클레어는 꿈속에서 나타나는 무의식의 열망과 만나면서 하나의 온전한 이미지를 보게 되는데, 그것이 현실화된 인물이 데미안의 어머니인 에바 부인입니다. 싱클레어는 에바 부인과의 만남을 운명으로 받아들이고 그녀를 사랑하게 됩니다. 여기에서 '싱클레어가 어떻게 데미안의 어머니를 사랑할 수 있는가'라고 윤리적으로 판단하고 단정 짓는 것은 곤란합니다. 그것은 데미안이 도달하고자 하는 영혼의 문학적 상징으로 읽어야 합니다. 어쨌든 이후 전쟁이 터지고 싱클레어는 야전병원에서 데미안과 다시 만납니다. 데미안이 전하는 어머니의 입맞춤을 통해 싱클레어는 진정한 자아에 이르는 여정에서 만난 친구이며 지도자인 데미안과 똑같은 자신의 모습을 봅니다.

> "모든 사람이 해야 할 일은 임의의 운명 하나가 아니라, 자신의 운명을 찾아내어 자기 안에서 그 운명을 온전히 살아내는 일이었다."

헤세는 『데미안』을 통해 "자신의 내면에 귀를 기울여야 한다."고 말합니다. 고민하는 일은 자신에게 주어진 삶을 온전히 살아내는 일이라고 귀띔합니다. 인간은 죽음을 마주하는 순간까지 그 순간을 '살아내는 존재'입니다. 그 순간들이 모여 삶이 되고, 인생이 됩니다. 그러한 인생들이 모여 세계를 이룹니다. 인간은 세계를 구성하는 존재인 동시에 세계를 만들면서 이끌어가는 존재인 것입니다. 따라서 '인간의 어느 순간'도 소중하지 않은 것이 없으며, 고귀하고 특별하지 않은 인간이란 없습니다. 하여, "한 사람 한 사람의 삶이 모두 자기 자신에게 이른 길"로 향한다면, 그러한 존재들이 만들어가는 세상이라면 어둠보다는 빛으로, 악함보다는 선함으로 가득 채워지는 세상이 아닐까요. 우리가 '자신에 이르는 길'을 게을리 하지 않는다면 말입니다.

1 벽돌담, 나무 울타리, 돌바닥, 녹슨 고철이 있는 '조지프의 마당'이
  행복하지 않은 이유는 무엇인가요? 무엇이 없었기 때문인가요?

2 너무 예뻐 꽃을 꺾은 조지프의 행동은 결과적으로 사랑스런 꽃
  을 죽게 하는 행동이었습니다. 나의 무지로 일을 그르친 경험이
  있나요? 그 일을 통해 무엇을 배웠는지 생각해 보세요.

3 나무를 번거롭게 하는 벌레, 새, 고양이가 와도 조지프는 이제 행
  복했습니다. 조지프의 행복은 어디에서 근거한 것인가요? '행복
  한 청소부', '행복한 왕자' 등의 동화를 떠올리며 행복의 근원에
  대해 생각해 보세요.

4 독일의 소설가 토마스 만으로부터 "독특하게 매혹하는 시적 소설"
  이라는 찬사를 받은 헤르만 헤세의 『데미안』은 10살 소년 싱클레
  어가 내면의 성장 과정을 통해 비로소 자기 자신에게로 이르는 길
  을 보여주고 있습니다. 여러분은 이 책을 어떻게 읽으셨나요? 책을
  읽은 소감을 나누어 봅시다. 인상 깊은 부분도 소개해 주세요.

5 사춘기 시기 싱클레어는 동네 아이들과 어울려 놀기 위해, 도둑
  질을 한 적이 있다는 이야기를 꾸며대며 허풍을 떱니다. 이 일로
  꼬투리가 잡힌 싱클레어는 프란츠 크로머에게 괴롭힘을 당합니
  다. 이후 싱클레어는 크로머의 협박 속에 나쁜 짓을 반복하게 되

고 양심의 고통을 느낍니다. 사춘기 싱클레어가 크로머에게 속박
당하면서 가장 힘들었던 것은 무엇이었을까요?

```



```

6  이 책은 주인공 싱클레어가 사춘기를 거쳐 청년으로 성장하면서
겪는 혼란과 방황을 담고 있습니다. 사춘기 싱클레어는 빛과 어
둠의 세계에서 갈등합니다. 싱클레어의 집안이 신앙과 지성, 밝
음의 상징이었다면 거짓말과 무지, 어둠은 크로머가 이끈 세계라
할 수 있는데요. 어둠의 세계에서 싱클레어는 친구들과 술집을
떠돌며 방황하기도 합니다. 그렇다면, 이러한 '어둠의 세계'는 싱
클레어의 삶에 어떤 영향을 더 미쳤을까요?

> 가장 기이한 점은 이 두 세계가 서로 맞붙어 있다는 사실이었다. 모든
> 것이 그랬다. 그 중에서도 나 자신이 가장 심했다. 물론 나는 밝고 올바
> 른 세계에 속해 있었고, 우리 부모님의 자식이었다. 그러나 내가 눈과
> 귀를 돌리는 곳마다 다른 것이 있었다. 비록 그것이 내게는 자못 낯설
> 고 섬뜩할 때가 많았고, 또 그곳에서 계속 양심의 가책과 불안감을 느
> 꼈지만. 어쨌든 나는 그 다른 것들 속에서도 살고 있었다. (p.16)

– 긍정적 영향

– 부정적 영향

7  데미안은 싱클레어를 크로머의 속박으로부터 벗어나게 해준 인
물입니다. 이후 싱클레어의 삶은 불안과 두려움으로부터 벗어나
평온함을 되찾았습니다. 하지만 "크로머와 악마의 손아귀를 벗어

났지만, 스스로의 힘과 능력으로 벗어난 건 아니었다."는 사실을 깨닫습니다. 데미안에게 의존했던 자신을 부끄러워합니다. 여러분은 사춘기 싱클레어의 이와 같은 생각에 대해 어떻게 생각하십니까?

> 크로머에 대한 예속을 새로운 의존으로 대신해야 했다. 혼자 갈 수는 없었기 때문이다. 그래서 나는 아버지와 어머니를 향한 의존을, 사랑스러웠던 예전의 '밝은 세계'를 향한 의존을 맹목적으로 선택했다. 그것이 유일한 세계가 아니라는 사실을 이미 알고 있으면서도.(p.74)

7-1 이후, 싱클레어는 데미안과의 진지한 대화를 통해 '자신의 내면세계'에 귀를 기울이게 됩니다. 우리에게도 데미안과 같은 존재가 필요하다고 보십니까?

> 우리 안의 모든 것을 알고 모든 것을 원하며, 우리 자신보다 모든 것을 더 잘하는 어떤 이가 있다는 사실을 아는 건 좋은 일이야.(p.131)

8 싱클레어는 "자기 자신에게로 향하는 길을 가는 것보다 더 불편한 일은 이 세상에 없다는 사실을" 알게 됩니다. "데미안이 그의 인생에 큰 영향을 미쳤지만, 결국 '인생은 스스로의 발로 움직여서 가야된다는 것'을 깨닫게 됩니다. 새가 알에서 나오기 위해서는 힘겨운 알을 깨는 과정이 수반되어야 하는 것입니다. 여러분은 지금 어느 단계에 있습니까? 아직 알 속에 있나요? 알을 깨고 있나요, 알을 깨고 나왔나요. 이야기를 나눠 봅시다.

> 새는 알에서 나오려고 힘겹게 싸운다. 알은 세계다. 태어나기를 원하는
> 자는 하나의 세계를 깨뜨려야 한다. (p.137)

> 나의 몸은 어른으로 다 자랐지만, 여전히 속수무책이었고 목표가 없었
> 다. 확실한 것은 내 안의 목소리, 꿈속의 상(像)뿐이었다. 나는 이것을
> 맹목적으로 따라야 한다는 의무감을 느꼈다. (p.142)

9  싱클레어는 피스토리우스에게 '인간의 가치'에 대해 다음과 같이
질문합니다. "개인의 가치는 어디에 있나요? 인간이 이미 모든 것
을 완성된 채로 가지고 있다면, 우리는 무얼 위해 노력하는 거지
요?"(p.157) 이에 피스토리우스는 자신이 원하는 것이 무엇인지,
그 실체를 '안다'는 것이 중요함을 아래와 같이 강조합니다. 이를
'나와 우리의 삶'으로 연결시켜 질문을 던져 봅시다. 여러분이 생
각하는 삶의 가치는 무엇인가요? 인간은 삶의 가치를 어디서 찾아
야 할까요? 자유롭게 나눠 봅시다.

> 그 세계를 그냥 안에 가지고 있는가, 아니면 그것을 알기도 하는가, 이
> 둘 사이에는 큰 차이가 있어! 누구나 독창적인 생각을 해낼 수 있지. 하
> 지만 그들은 아무것도 모른다네! 알지 못하는 한, 그들은 나무나 돌이
> 고, 기껏해야 짐승에 불과하지. 그러나 이런 인식의 첫 불꽃이 반짝일
> 때 그들은 인간이 되는 거야. 그들이 이 가능성을 예감하고, 심지어 부
> 분적으로 그 가능성을 의식하는 것을 배울 때에야 비로소 그 가능성이
> 그들의 것이 되는 거지.(p.158)

10 『데미안』에서 가장 마음에 드는 문장을 뽑아 그 이유와 함께 발표
해 봅시다.

# 나를 만드는 지혜

**"**

선을 행함에는 노력이 필요하다.
그러나 악을 억제하려면 보다 더 노력이 필요하다.

― 톨스토이 ―

**"**

『바람이 휙, 바람이 쏴』

글 에버린 하슬러 | 그림 케티 벤트 | 유혜자 옮김 | 비룡소

"옛날, 옛날, 아주 오랜 옛날에~"로 시작하는 옛 이야기에는 주인공이 누구든, 어떤 사건이 벌어졌든 항상 똑같이 적용되는 코드가 있습니다. 첫째는 '선'과 '악'이 극명하게 대립된다는 것입니다. 착한 콩쥐를 괴롭히는 팥쥐 엄마가 있고, 흥부를 괴롭히는 놀부도 있습니다. 백설 공주를 괴롭히는 계모, 피터팬을 괴롭히는 '후크 선장'도 있지요. 선과 악을 비교하며 보여줌으로 이야기가 추구하는 '선'의 절대성을 더 선명하게 드러냅니다.

 독일의 동화작가 에벌린 하슬러가 글을 쓰고 케티 벤트가 그림을 그린 환상 동화 『바람이 휙, 바람이 쏴』 역시 인간의 마음 속에 존재하는 선과 악의 대립을 '쌍둥이'라는 장치를 통해서 보여줍니다. 레오와 메오 형제는 남쪽 깊은 산 계곡에 사는 살고 있는 쌍둥이 형제입니다. 정확히는 '쌍둥이처럼' 보이는 형제입니다. 둘 다 등이 꼽추여서 쌍둥이처럼 보인다고 표현되어 있으니까요. 선과 악은 늘 달라 보이지만 같기도 하고, 같아 보이지만 다르기도 합니다. 누구에게는 선한 일이 또 다른 이에게는 악한 일이 되기도 하니까요. 형 레오는 부지런하고 착한 청년입니다. 사람들뿐만 아니라 가축과 식물들에게도 진질하지요. 동생 메오는 말도 거칠고 세으룹니다. 가축들도 식물들도 소중히 여기지 않지요. 마치 흥부와 놀부를 보는 듯합니다.
 어느 날 형 레오가 이야기합니다. 눈이 오기 전에 알프스 산 너머 오두막집 지붕을 고쳐야 한다고요. 메오는 당연히 형의 이야기를 무시합니다. 할 수 없이 형 레오가 먼 길을 떠납니다. 산을 오르며 레오는 자연을 즐기고 자연 속에서 살아가는 모든 생명을 소중히 다루며 지나갑니다. 개미도, 가시나무도, 버섯도, 두꺼비도 그 생명의 가치를 존중하며 아름다움을 칭찬하며 길을 갑니다. 레오는 숲 속에서도 '선한 마음'을 가진 존재로 그 역할을 다합니다. 날이 어두워지자 레오는 계곡에서 불을 피우고 잠이 듭니다. 그 때 숲의 요정들이 나타나 레오에 대해 이야기를 하지요. 저마다 레오에 대해 자기들이 잘 알고 있다며 오늘 밤을 영원히 잊지 않게 선물을 주자고 합니다. 다음날 아침 일어나자 레오는 등에 혹이 온데간데 없이 사라진, 아주 잘생기고 멋진 청년이 되었습니다.

이쯤 되면 책을 읽는 우리는 다음 이야기가 어떻게 전개될지 짐작할 수 있습니다. 욕심쟁이 혹부리 영감이 착한 혹부리 영감을 따라했듯이, 심통이 난 메오도 알프스 산을 이유 없이 오릅니다. 하지만 메오는 개미를 밟아버리고, 버섯을 짓밟고, 가시나무도 사정없이 내리칩니다. 결과는 뻔합니다. 숲의 요정들은 메오에게도 정말 그날 밤을 영원히 잊지 못하도록 해 주지요. 다음 날 아침에 일어나자 메오의 등의 혹은 두 배로 커지고 더 못생긴 메오가 됩니다. 심술쟁이 메오는 이 일로 자기 안의 '악'을 밀어내고 '선'을 살며시 꺼냅니다. 자신의 삶을 뒤돌아보며 후회하게 됩니다. 봄이 되면 산에 다시 올라가겠다고 말하지요. 숲의 요정들이 착해진 메오에게 다시 어떤 선물을 줄지 궁금해집니다. 우리 안에는 늘 착한 레오와 심술궂은 메오가 공존합니다. 누구도 절대 선한자이거나 절대 악한 자 일수는 없습니다. 우리의 마음도 늘 선함과 악함이 동전의 양면 처럼 꼭 붙어있습니다. 어떻게 이들을 평화롭게 공존하게 하느냐는 나의 지혜로움에 달려 있겠지요. 그것이 바로 나를 만드는 지혜가 될 것입니다.

# 인간의 마음속에
# 공존하는 선과 악

"

내가 심연을 들여다보면
심연도 나를 들여다본다.

— 니체 —

"

**『지킬 박사와 하이드』**

로버트 루이스 스티븐슨 지음 | 이미애 옮김 | 푸른숲주니어

여러분은 평소에 '나답지'않은 행동을 한 적이 있나요? 가령 누군가와 대화를 할 때 자신의 속마음과는 다른 말이 갑자기 튀어나와서 '스스로 당황했던' 경험이나, 자신의 의지와는 상관없는 행동을 하고 후회했던 일말입니다. 그럴 때면, '나에게도 이런 모습이 있었나?'하는 생각에 자신 안에 낯선 누군가가 있는 것 같기도 합니다. 또는 나도 모르게 하는 말과 행동이 아니더라도 어떤 목적을 위해 가면을 쓰고 겉과 속이 다르게 행동하는 경우도 있습니다. 이유야 어떻든, '나와 다른 나'를 발견하게 되면 '진짜 나'는 누구인가? 라는 생각이 자연스럽게 듭니다. 때로는 '한 없이 착한 나'이기도 하지만 어떨 땐 '심술로 가득차서 못된 짓도 하는 나' 중에 과연 진짜 나의 모습은 무엇일까를 말이죠.

　로버트 루이스의 『지킬 박사와 하이드』는 인간의 마음 속에 공존하는 대표적인 마음, 즉 선한 마음과 악한 마음을 깊이 들여다봅니다. 주인공 지킬 박사는 낮에는 사람들의 존경을 한 몸에 받는 의사로 착실하게 살아갑니다. 그렇지만 지킬 박사는 지루한 생활에 따분함을 느낍니다. 그래서 밤에는 신분을 숨기고 술을 마시고 노래를 부르며 거리를 배회하는 빙종한 사림으로 변합니다. 사람들은 감쪽같이 변한 그가 자신들이 알고 있던 선량한 지킬 박사라고는 상상하지 못합니다.

　지킬 박사는 자신 안에 선과 악이 혼합되어 있다고 생각합니다.

나쁜 짓을 일삼으면서도 친절을 베풀기도 하고, 성실하면서도 내면에서는 악한 마음이 웅크리고 있다는 것을 알았기 때문이죠. 그래서 어떤 식으로든 선과 악을 분리할 수 있다면 결국 자신에게서 악한 마음은 없어지고 착한 마음만 남게 되리라는 결론에 이릅니다. 그래서 지킬 박사는 다양한 실험을 거듭하여 결국 악한 마음과 선한 마음을 분리하는 약물을 만들어내는데 성공합니다.

> 난 궁극적으로 인간의 내면에는 각양각색의 서로 다른 독립된 자아들이 서로 다투며 공존하고 있다고 믿었다네. 나는 나의 내면에 존재하는 도덕성으로부터 인간의 근본적이고 철저한 이중성을 깨달았지. 내 의식 세계에서 두 가지 본성이 다투고 있는 것을 본 거야. 사실 그런 다툼이 있었던 이유는 내가 두 가지 본성을 다 극단적으로 가지고 있었기 때문이었어. 이런 극단적이고 이질적인 이란성 쌍둥이가 의식 세계라는 고통스러운 자궁 안에서 끊임없는 투쟁을 해야 한다는 것은, 인류에게 있어서 저주임이 분명해. _ p.153

그 후, 지킬은 약물을 먹고 악한 마음만 가지고 있는 '하이드'로 변신합니다. 하이드는 선량함이라고는 조금도 없고, 나쁜 짓을 해도 죄책감을 느끼지 않습니다. 최고의 '악인'으로 거듭난 하이드는 온갖 사악한 행위들을 저지르고 다닙니다. 하지만 시간이 지나면서 약물을 먹지 않았는데도 지킬 박사는 하이드로 변하는 자신을 발견합니다. 그 후로 아무 때나 예고 없이 등장하는 하이드 때문에 지킬 박사는 점점 더 헤어날 수 없는 구렁텅이에 빠지게 됩니다. 결국 지킬은 자신에게서 하이드를 몰아낼 방법을 찾지 못하고 마지막 선택을 합니다.

이 책은 인간의 마음 속에는 선한 마음과 악한 마음이 공존하고 있다고 말해줍니다. '남에게 선의를 베푸는 나와 악의를 행하는 나'는 모두 내가 가진 일면(一面)이라는 것입니다. 인간의 마음속에 선과 악이 함께 웅크리고 있다면, 그렇다면 인간은 인간의 마음을 어떻게 다루어야 할까요? 더 나아가 인간은 어떻게 살아야 할까요? 이 책은 이렇게 우리에게 묵직한 질문을 던집니다.

> 지킬은 자유에 중독되었다. 그가 사회와 사람들에 대한 책임감이나 양심의 족쇄를 던져 버린 채 본능이 원하는 것만을 하도록 자기 자신을 내버려 두었을 때 얻는 그 자유로움에 중독된 것이다.
> _ p.187

결국 지킬의 실험은 실패로 끝나고 말았습니다. 인간이 가진 선한 마음과 악한 마음은 항상 '함께'할 수밖에 없는 운명일지도 모릅니다. 악함은 선함에 비추어 반성되고, 선함은 악함에 비추어 그 힘을 발휘하게 마련이니까요. 그것은 인간 세상에서 '악'은 결코 사라지지 않는다는 엄중한 경고이기도 합니다. 또 '악'을 이겨내는 '선'함도 결코 없어지지 않는다는 희망이기도 합니다.

"악은 결코 저절로 사라지는 것이 아니었다. 없애도록 노력해야
하는 것이다."_ p.188


　이 책을 읽고 우리는 인간의 내면을 확대경으로 들여다봤습니
다. 그 속에는 인간을 움직이는 감정들이 있음을 알았습니다. 이제
우리는 질문을 품어야 합니다. "그렇다면, 이제 나는 어떻게 살 것
인가?"라는 질문입니다. 파스칼은 "인간은 천사도 아니지만 짐승도
아니다"라는 말을 남겼습니다. 그 무엇에도 '중독'되지 않는 길은
'스스로를 지켜내기'위한 노력으로 이어질 수 있습니다. 바로 내면
에 숨어있는 '악함'으로부터 '나 자신'을 지켜내기 위해서는 내 안
의 마음을 잘 살펴보고 관찰해야 합니다. 그렇지 않으면 인간은 언
제든지 짐승이 될 수도 있기 때문입니다.

'남에게 선의를 베푸는 나와 악의를 행하는 나'는 모두 내가 가진 일면(一面)이라는 것입니다. 인간의 마음 속에 선과 악이 함께 웅크리고 있다면, 인간은 인간의 마음을 어떻게 다루어야 할까요? 더 나아가 인간은 어떻게 살아야 할까요?_ 본문 중에서

1   대부분의 동화에서는 절대악과 절대선이 대조를 이루며 이야기
    가 전개됩니다. 우리가 사는 현실에서도 절대악과 절대선은 존재
    할까요? 내 생각을 써보세요.

2   현실에서도 『바람이 휙, 바람이 쏴』의 레오처럼 착하게 살면 항상
    복을 받을까요? 동화책의 세상이 항상 권선징악인 이유가 무엇
    일지 생각해 보세요.

3   내가 만약 변호사라면 숲의 요정들 앞에서 동생 메오를 어떻게
    변호할까요? 무조건적 악당이 되어있는 메오에 대해 변호해 주
    세요.

4   로버트 루이스 스티븐슨의 『지킬 박사와 하이드』는 인간의 마음
    속에 공존하는 선과 악을 자세히 들여다봅니다. 주인공 지킬 박사
    는 낮에는 사람들의 존경을 한 몸에 받는 지식인이지만 밤에는 자
    신의 신분을 숨기고 온갖 나쁜 짓을 하고 다닙니다. 여러분은 이
    책을 어떻게 읽으셨나요? 책을 읽은 소감을 나누어 봅시다.

5   지킬 박사는 "인간의 내면에는 각양각색의 서로 다른 독립된 자
    아들이 서로 다투며 공존하고 있다."고 생각합니다. 그는 인간이
    가진 이중성을 알게 되는데요. 선한 마음과 악한 마음이 아니더

라도, 인간은 기쁘면서도 슬프고, 행복하면서도 우울한 감정들을 느끼기도 합니다. 여러분은 이렇게 마음 속에서 동시에 다양한 감정을 느껴 본 적이 있나요? 경험을 들려주세요.

6 평소 지킬 박사는 "자신에게는 몹시 엄격하게 굴었지만 남들에게는 더할 나위 없이 자상한 사람"이었습니다. 매사에 성실하면서 근검절약하는 모범적인 인물입니다. 그는 엄격함의 잣대를 자기 자신에게만 적용합니다. 그래서 낮에는 착실하고 안정된 박사로서 환자들에게 신뢰를 얻고 동료들로부터 존경을 받습니다. 여러분은 자기 자신에게 엄격한 편입니까? 자유분방한 편입니까? 자유롭게 이야기를 나눠 봅시다.

> 몇 년 전, 내가 아직 젊고 의사로서 연륜을 쌓은 지 그리 오래 되지 않았을 무렵, 나는 삶이 무척 즐거웠다네. 여생을 편하게 지낼 만큼 충분한 돈을 물려받았고, 진료를 하면서 꽤 많은 수입도 벌어들이고 있었지. 매일 저녁 마지막 환자를 보고 나면, 집에서 책을 읽거나 번화가로 나가거나 둘 중 하나였어. (p.151)

7 지킬박사는 선과 악을 분리해 내는 약물을 먹고 하이드로 변신하여, 소녀를 짓밟고, 선량한 사람을 잔인하게 죽이는 행동을 합니다. 그런데 나중에는 약물을 먹지 않고도 하이드가 되어 '사악한 행동'을 하려는 자신을 발견하게 됩니다. 약물을

먹지 않고도 하이드가 나쁜 행동을 하게 된 이유가 무엇일까요? 생각해 봅시다.

> 난 그 악에 빠져 뒹굴었어! 그 안에서 춤을 추었지! 난 여태껏 살았던 사람들 가운데 최고의 악인이었어. 내 안에 선량함이란 조금도 없었지. 나는 세상의 주인이었네. 왜냐하면 나는 도덕성이라는 감정에 전혀 신경을 쓰지 않았거든! 내가 원하는 것은 무엇이든지 할 수 있었고, 내 마음은 이미 사악한 행위들을 저지를 준비가 되어 있었네!(p.159)

8  이 시대에 우리는 도처에서 흉악한 범죄를 접하고 있습니다. 폭력과 살인 범죄가 날로 증가하고 있는데요. 이렇게 '악'이 없어지지 않고 더욱 더 흉포해지는 이유가 무엇이라고 생각하시나요?

9  로버트 루이스 스티븐슨이 이 작품을 통해서 진정으로 말하고 싶은 것은 무엇일까요?

10  여러분이 토론 주제를 꺼내 주세요.

# 전쟁을 만드는 오만함

> **"**
>
> 광기 어린 파괴가 전체주의의 이름으로 일어났든,
> 자유나 민주주의 같은 신성한 이름으로 일어났든,
> 죽은 이나 고아, 노숙자에게 무슨 차이가 있겠는가.
>
> ― 마하트마 간디 ―
>
> **"**

**『왜?』**
니콜라이 포포프 지음 | 현암사

인간이 '국가'라는 사회 공동체를 만든 이후부터, 전쟁은 시대를 막론하고 끊임없이 우리가 사는 땅에 이어져 왔습니다. 어느 한 순간도 '전쟁'이 전혀 없는 순간이 없었다는 사실은 인간의 본성 어딘가에 '전쟁'을 일으키는 무서운 속성이 숨어있다는 것을 의미합니다. 흔히 전쟁은 자국의 이익만을 추구하는 '욕심'에서 비롯된다고 말합니다. 그 욕심을 좀 더 자세히 들여다보면 자신을 타인보다 우월하게 여기는 '오만함'이 있습니다.

　니콜라이 포포프의 『왜?』는 전쟁이 얼마나 어리석은 일이며 파괴적인 일인지를 보여주는 글 없는 그림책입니다. 평화로운 초원에 개구리 한 마리가 햇볕에 따뜻하게 데워진 넓적한 바위 위에 앉아 꽃 한 송이를 꺾어들고 평화를 즐기고 있습니다. 행복한 미소도 잠시, 예쁘게 피어있는 꽃무더기를 파헤치며 땅 속에서 생쥐 한 마리가 등장합니다. 생쥐는 꽃 무더기를 밀쳐버린 우산을 펴 들고 앉아 평화를 즐기는 개구리를 뚫어지게 쳐다봅니다. 그러다 갑자기 개구리를 공격합니다. 개구리가 앉아있던 바위를 빼앗고 꽃도 빼앗고 바위를 차지합니다. 이 순간 니콜라이 포포프는 독자에게 '왜?'라고 묻습니다. 생쥐는 왜 가만히 앉아 있는 개구리를 공격했을까요? 자신보다 작은 개구리가 가진 것들이 갖고 싶어졌고, 빼앗을 수 있다고 여긴 것입니다.

　한 마리의 개구리와 한 마리의 생쥐의 아주 작은 부딪힘으로 시작된 이 분쟁은 점점 더 큰 문제를 만듭니다. 부당하게 자리를 빼앗긴 개구리는 친구들을 불러와 생쥐를 몰아내고 승리의 기쁨을 만끽합니다. 그러나 밀려난 생쥐도 가만있지 않았지요. 전투 준비를 하고 다시 개구리들에게 갑니다. 개구리들과 생쥐들의 전쟁은 점점 더 커집니다. 결국 들판이 초토화되어 버리자 어쩔 수 없이 전쟁은 끝이 납니다. 아무것도 남지 않은 곳에서는 싸울 이유도 없어져버리니까요.

전쟁으로 이익을 챙길 것이라는 생각은 오만한 발상입니다. 상대방에게도 그리고 세상에도 암울한 결과만 남길 따름입니다. 무엇보다도 전쟁은 생명을 도외시한 무서운 야욕입니다. 누구도, 어떤 이유에서도 인간의 소중한 생명을 함부로 다룰 권리는 없습니다. 나의 생명을 지키겠다는 만용으로 전쟁을 일으키는 오만함은 그 어떤 이유로도 정당화될 수 없습니다.

하버트 조지 웰스의 『우주 전쟁』은 인간이 우주 유일의 지성체라고 믿는 지구인들의 오만함에 일격을 가합니다. 지구인들보다 더 발달한 무기와 발달한 두뇌, 신체를 가진 화성인들이 지구를 침공하는 것이지요. 하지만 이 역시 지구 침공을 우습게보고 덤벼든 화성인의 오만함입니다. 그래서 화성인들은 그들이 예상치 못한 바이러스에 죽어가고 전멸하지요. 지구인도 화성인도 남는 것 없이 모두 잃고 맙니다. 생쥐도 개구리도 들판에 있던 모든 것을 잃었던 것처럼요. 니콜라이 포포프의 "왜?"라는 질문에 주목해야 할 이유가 바로 여기에 있는 것입니다.

# 상상하면 현실이 된다.

"
상상의 질과 양이 내 삶의 질과 양을 결정한다.

—더행—
"

**『우주 전쟁』**
허버트 조지 웰스 지음 | 손현숙 옮김 | 푸른숲주니어

얼마 전 미국의 한 대선 후보 OOO는 "대통령에 당선되면 미확인비행물체(UFO)와 외계 생명체를 둘러싼 모든 진실을 끝까지 파헤치겠다."고 언급한 바 있습니다. UFO와 관련하여 밝혀지지 않는 사실에 대해 갖은 의혹과 추측이 난무하자 사람들의 궁금증을 풀어주겠다고 정치인까지 발 벗고 나선 것입니다. 혹자들은 이런 호기심이 허무맹랑한 이야기라고 치부해버리기도 하지만 세계 곳곳에서 드러나는 근거와 주장들을 보면 외계물체의 존재 여부에 대해 더 이상 쉽게 넘길 수 없다는 이유가 크게 작용하고 있는 것도 사실입니다. 사실상 외계물체에 대한 인간의 호기심은 어제 오늘의 일이 아닙니다. 오래전부터 인간들은 하늘의 별을 쳐다보며 "저 곳에는 무엇이 있을까?"라는 상상을 끊임없이 해 왔습니다. 이제 인간들의 상상은 보는 것에서 하는 것으로 발전해가고 있습니다. 인간들은 하늘을 보면서 그것을 상상하는 것에서 그치는 게 아니라 정말로 그 실체를 밝혀내거나 그것으로 무엇을 할 수 있는가를 규명하기 위해 노력해 왔습니다. 지금 우리에게 너무나도 친숙한 인공위성이나, 우주여행과 같은 실체는 처음에는 상상으로 시작하여 과학의 발달에 힘입어 현실로 구현된 것들입니다. 이쯤 되면, '상상은 이미 그 이상의 의미와 가치'를 지녔다고 할 수 있습니다.

지금으로부터 120여 년 전, 이와 비슷한 생각을 한 사람이 있었습니다. 영국에서 생물학을 공부한 허버트 조지 웰스(1866년) 또한 과학의 눈으로 세계를 바라보고, 상상한 것을 그대로 실현하기 위해 공을 들였습니다. 그에게 상상의 실현은 '글로 써나가는 것'이었습니다. 그가 썼던 작품들은 보면 과거와 미래를 탐구한『타임머신』, '인간이 다른 사람 눈에 보이지 않는다면?'이라는 호기심에서 출발한『투명인간』등 그칠 줄 모르는 '상상력'으로 가득 차 있습니다.『우주전쟁』또한 화성인들이 지구를 침공하면서 벌어지는 일대 혼란을 다룬 소설입니다. 웰스는 풍부한 과학적 지식과 기발한 상상력으로 '공상과학소설'의 세계를 활짝 열고 수많은 작가들에게 큰 영감을 주었다는 평가를 받고 있습니다.

> "19세기 말까지만 해도 사람들은 우주에 인간보다 지능이 훨씬 높은 존재가 있다고는 전혀 생각지 못했다. 그 무렵 드넓은 우주 공간 저 너머에는 우리보다 지능이 뛰어난 존재들이 질투 어린 눈으로 지구를 지켜보고 있었다. 그들은 차근차근 그리고 확실하게 지구를 정복할 계획을 세웠다."

『우주 전쟁』은 시작부터 인상적입니다. 19세기 말, 평온하던 영국의 어느 마을에 정체불명의 괴상한 물체 하나가 툭 떨어집니다. 그 거대한 원통형 물체는 떨어지면서 큰 웅덩이를 만들어 사람들이 빠지면 나올 수가 없었습니다. 사람들은 하나 둘씩 모여 알 수 없는 그 물체를 구경하고 소문을 퍼트리기 시작합니다. 평소 호기심이 많았던 '나'는 유명한 천문학자 오길비 박사와 함께 물체가 출현한 장소로 한달음에 달려옵니다. 이때까지만 해도 이 물체가 화성인들이 타고 온 우주선이며, 거기서 나온 화성인들이 독가스를 살포하고 광선 레이저를 쏘아 런던을 초토화시킬 것이라고는 누구도 예상하지 못했습니다. 하지만 화성인의 공격으로 건물이 무너지고, 다리가 붕괴되고, 사람들이 하나 둘씩 목숨을 잃자 사람들은 상황의 심각성을 알아차리고 런던을 떠납니다. 갑자기 일어난 혼란에 정부도 우왕좌왕하며 어찌할 바를 모르고 "한시라도 빨리 도시를 탈출하라"는 말만 되풀이 합니다. 이런 아비규환의 참혹함도 주인공 '나'의 호기심을 가로막지 못했던 것일까요? '나'는 침착함을 잃지 않고 괴물들의 실체를 파악하기 위해 그들을 관찰하기 시작합니다. 그 결과 화성인들은 "먹지 않기 때문에 소화할 필요가 없고, 잠을 자지 않아도 기운이 빠지지 않고 언제나 기운이 왕성하며, 성별이 없다."는 것을 알아냅니다. 이를 바탕으로 화성인들은 "한 장소에 있다가 다른 곳으로 이동할 가능성이 있으며, 후각이 발달하지 못했기 때문에 어디든지 숨어들 수 있으며, 따라서 얼마든지 탈출할 수 있다."라는 희망을 발견합니다. 사실상 소설 속에서 끝까지 살아남는 인물도 '나'입니다. 이쯤 되면, '나'의 호기심과 상상력, 그리고 인내심이 괴물로부터 그를 구했다고 한다면 과장일까요? 현실에서는 알 수 없으나 소설 속에서는 '그렇다'라는 쪽에 무게가 실립니다.

　이뿐만이 아닙니다. 작가 웰스는 상상력의 산물이라고 할 수 있는 과학의 진보가 과연 좋은 것인가를 따져 묻고 있습니다. 이는 책 속의 '나'가 완성하지 못한 '문명이 진보함에 따라 도덕성도 발전하는가'라는 주제로 연결되며, 우리 시대에 결코 가볍게 넘길 수 없는 문제이기도 합니다. 어쩌면 이에 대한 질문은『우주 전쟁』이 출간 된 후 120여년이 지난 우리 시대 사람들이 답해야 하는 것이기 때문입니다. 그동안 눈부신 과학의 발전으로 우리는 역사상 유례없는 윤택하고 편리한 삶을 누리고 있습니다. 하지만 과학의 발전 이면에는 그것을 위해 희생되고 착취된 '누군가의 피와 고통'이 있다는 사실도 부정할 수 없는 현실입니다. 따라서 120년 전에 상상했던 문제가 현실이 되어 지금도 같은 문제로 반복되고 있다면, 더 나아진 것이 없다면, 문명의 진보로 도덕성도 발전했다고 보기는 어렵겠습니다. 오히려 퇴보했다고 봐야하지 않을까요. 바로 이 지점이 웰스가『우주 전쟁』을 통해 우리에게 환기시키려고 한 것이기도 합니다.

그렇다면 지금이 상상력을 발휘해야 할 시점이 아닐까요? 그동안의 상상력으로 과학의 진보를 이루었다면, '도덕성'에 대한 상상력도 필요합니다. 예컨대, '어떻게 하면 과학의 발전으로 고통 받는 사람이 생겨나지 않을 수 있을까?, 과학과 인간, 자연이 함께 웃을 수 있는 발전은 어떻게 가능한가?, 누구나 과학의 혜택을 받을 수 있는 삶은 어떻게 가능한가?'와 같은 상상력 말입니다. 이렇듯 인간다움을 만드는 도덕적 상상력으로 우리는 비로소 진정한 문명의 진보를 이룰 수 있지 않을까, 그 어느 시대보다 지금 필요한 상상력이 아닐까 합니다.

"전쟁으로 이익을 챙길 것이라는 생각은 오만한 발상입니다. 상대방에게도 그리고 세상에도 암울한 결과만 남길 따름입니다. 무엇보다도 전쟁은 생명을 도외시한 무서운 야욕입니다. 누구도, 어떤 이유에서도 인간의 소중한 생명을 함부로 다룰 권리는 없습니다."
_ 본문 중에서

1   그림책『왜?』를 보며 생각해봅시다. 전쟁이 일어나는 이유는 무엇
    일까요? 왜 전쟁을 일으키는 것일까요?

2   사람과 사람, 국가와 국가 간에 분쟁이 있을 때 최선의 해결책은
    무엇일까요? 분쟁을 해결하기 위해 가장 먼저 생각해야 할 원칙
    을 생각해 봅시다.

3   지금도 세계 곳곳에는 내전과 국지전이 끊이질 않고 있습니다.
    전쟁으로 인해 난민이 되거나 가난의 굴레에 빠진 사람들을 위
    해 우리가 할 수 있는 일은 무엇일까요?

4   허버트 조지 웰스의『우주 전쟁』은 19세기 평온한 시골 마을에 정
    체불명의 물체가 하늘로부터 떨어지면서 벌어지는 일대 혼란을 다
    룬 공상과학 소설입니다. 인간들은 외계인의 공격에 속수무책으로
    당하면서 살던 곳을 떠납니다. 외계인들은 레이저 광선과 독가스
    로 인류를 위협합니다. 여러분은 이 책을 어떻게 읽으셨나요? 책을
    읽은 소감을 나누어 봅시다. 인상 깊은 부분도 소개해 주세요.

5   화성인들은 자신들이 살던 화성이 영구 빙하기를 맞아 더 이상
    살 수 없게 되자 우주에서 살 만한 희망의 별, 지구를 발견합니
    다. 따뜻한 날씨와 초록빛 식물이 무성하고 물도 풍부하고 기름

진 땅의 지구는 화성인들이 보기에는 지상낙원이었습니다. 화성인들의 생존 논리로 보면, 그들은 지구를 빼앗기 위해 전쟁을 벌여서 승리해야만 합니다. 이는 인간이라는 이유로 인간에게 혹은 인간 이외의 동물에게 인간이 가하는 포악성에 대한 작가의 경고입니다. 우리 주변에서 알게 모르게 행해지고 있는 이러한 인간의 무자비한 행태들에 대한 경험을 나누어 봅시다.

> 화성인들로서는 멸망하지 않고 살아남기 위해서 태양 쪽으로 좀 더 가까이 가야 했다. 그래서 생명체로 가득한 지구를 빼앗기 위해 전쟁을 벌이지 않을 수 없었다. 우리가 그런 화성인을 무조건 잔인하다고 비판할 수 있을까? 우리는 지금까지 이 지상의 동물들에게, 심지어 같은 종족인 인간에게 얼마나 포악하게 굴어 왔는지를 떠올려야 한다. 인간의 무자비한 폭력 때문에 사라진 아메리카들소나 도도새를 생각해 보라. 또한 호주 남동쪽의 태즈메이니아 섬에 살던 사람들은 유럽 이민자들의 손에 오십 년이 채 못 되는 사이에 지구상에서 자취를 감추고 말았다. 만약 화성인들이 그와 똑같이 우리를 공격한다면 과연 그들에게 자비를 구할 수 있을까? (p.12)

6 책의 화자 '나'는 원통형 물체와 그곳에서 나온 화성인들을 다음과 같이 묘사합니다. 아래의 글을 바탕으로 그것들의 생김새를 그림으로 표현해 봅시다.

| 원통형 물체 | 화성인 |
|---|---|
| 떨어진 물체는 땅속에 통째로 처박혀 있었다. 밖에 드러난 부분은 지름이 삼십 미터쯤 되는 거대한 원통이었다. 원통의 겉은 짙은 갈색을 띠고 있었는데, 두꺼운 비늘 모양의 껍데기로 덮여 있었다. 원통의 윗부분은 아주 천천히 회전하고 있었다. 원통형 물체는 인공적으로 제작된 것으로 속이 비어 있으며, 윗부분의 뚜껑을 돌려서 열도록 설계되어 있었다. 실제로 원통 안쪽에서 무언가가 뚜껑을 열려 하고 있었다. | 엄청나게 큰, 곰만큼 큰 둥그런 잿빛 생명체가 고통스러운 몸짓으로 원통에서 천천히 기어 나왔다. 햇빛을 받자 피부가 물에 젖은 가죽처럼 번들거렸다. 머리는 둥글었다. 얼굴도 있다고 할 수 있다. 눈 아래에 입이 있었지만 입술은 없었다. 괴물은 입 언저리를 부들부들 떨면서 침을 줄줄 흘렸고, 온몸으로 거칠게 숨을 몰아쉬었다. 촉수하나는 원통을 붙잡고 있었으며, 또 하나는 허공을 휘저었다. |
|  |  |

7 　사람들은 정체 모를 우주선과 외계인의 출현 사실을 잘 믿으려 하지 않았습니다. 화성인들의 공격으로 큰 인명피해가 우려된다는 기사에도 세상은 안전할 것이라고 확신했습니다. 그러나

우주선에서 나온 괴물들이 건물을 부수고, 사람들의 목숨을 하나둘씩 위협하는 것을 목도하였을 때, 괴물의 실체와 그 위험성을 알게 되는 데요. 사람들은 처음에 '외계인이 나타났다'라는 말을 왜 믿지 않았을까요? 사람들이 이와 같은 행동을 보이는 이유는 무엇이라고 생각하십니까?

> 나는 일요일자 신문에서 이 사건에 대한 기사를 읽었다. 기사 제목은 "런던 시민들, 워킹에서 날아온 사고 소식에 경악"이었다. 하지만 그건 사실과 달랐다. 대다수의 런던 시민들은 월요일 아침까지 화성인에 대해 듣지 못했다. 그 소식을 들은 몇몇 사람들도 한참이 지나서야 그것의 진짜 의미를 깨달았을 뿐이다. 더욱이 그들은 세상이 안전하다고 굳게 확신하고 있었다. 그래서 화성인들로 인해 일대의 혼란이 일어났다는 기사를 읽고 놀라기는 했어도 두려워하지는 않았다.

8 화성인의 공격이 점차 심해지자 대도시 런던의 육백만 피난행렬이 시작됩니다. 화성인들이 독가스 살포와 열광선을 쏘기 시작하자 어떤 사람들도 화성인에게 대항하려고 하지 않습니다. 정부는 전투의지를 잃고 시민들에게 "빨리 탈출하라"는 말만 되풀이 합니다. 사람들에게 닥친 일대의 혼란, 어떻게 풀어가는 것이 좋을까요? 여러분의 아이디어를 모아 봅시다.

> 다들 공포에 질리고 지칠 대로 지친 시람들이었디. 세계 억사상 이처럼 많은 사람들이 한꺼번에 피난길에 나서서 고생한 적이 없었다. 육백만 명의 사람들이 무기도 식량도 없이, 어디로 가야 하는지도 모르는 채 허둥댔다. 문명의 패배요, 인류 대학살의 시작이었다. (p.93)

9 우주선에서 나온 괴물들이 건물을 부수고, 사람들을 공격하여 죽이는 긴박한 상황 속에서도 '나'는 빈집들에 숨어들어 끼니를 해결하고 잠을 자면서 끝까지 살아남습니다. 그러면서도 근거리에서 화성인들을 계속해서 관찰하고 아래와 같은 사실을 알아냅니다. 만약, 화성인들이 지구를 정복하는 데 성공한다면 그들의 삶의 모습은 어떨지 상상해 봅시다.

> 화성인들은 먹지 않았기 때문에 소화할 필요가 없었고, 그 대신 다른 생물체의 신선한 피를 뽑아 자신의 혈관에 주입했다. 그들은 잠을 자지 않았다. 신체가 아주 단순해서 기운이 빠지는 법이 없을 것 같았다. 지구에서는 몸무게가 늘어나 움직일 때 힘을 써야 했지만, 일을 다 마치고 난 다음에도 여전히 기운이 왕성했다. 그리고 신기하게도 그들에게는 성별이 없었다. 전쟁 중에 지구에서 어린 화성인이 태어났다. 화성인의 몸체에 마치 식물의 싹처럼 돋아나 자라나는 것이 발견되었다.(p.114)

10 '나'는 화성인의 공격이 언제 멈출지도 모르는 절박한 상황에서도 희망을 잃지 않습니다. 여러 날을 빈집에 갇혀 지내면서도 열흘 동안 먹을 식량을 미리 나누어 놓는 등 침착하게 대처합니다. 화성인들이 세균으로 목숨을 잃을 때까지 끝까지 살아남는 인물도 바로 '나'입니다. 그렇다면, 여러분은 '나'가 말하고자 하는 '희망'은 무엇이라고 생각하십니까? 또 그에 동의하십니까?

> 나는 마음을 다잡았다. 아직 희망을 포기할 때가 아니라고 생각했다.
> 화성인들은 이 구덩이에 얼마간 머물다 다른 곳으로 이동할 가능성이
> 얼마든지 있었다. 설령 이곳에 계속 머무른다 해도 스물네 시간 동안
> 꼬박 보초를 설 이유가 없다고 판단하게 된다면 얼마든지 탈출할 기회
> 를 잡을 수 있을 것이다. 셋째 날 한 청년이 화성인의 먹이가 되는 장
> 면을 목격한 뒤로, 나는 거의 하루 종일 벽에 난 틈새를 피해 다녔다.
> (p.122)

**11** 책 속에 나오는 '화성인'은 아니더라도, 우리 삶에는 우리가 예상
하지 못한 '화성인'과 같은 존재가 언제든지 나타날 수 있습니다.
책 속에 등장하는 군인은 '인간이 멸종되지 않기 위해'서는 '나약
한 사람들은 내쫓고, 몸과 마음이 깨끗한 사람을 모아서 새로운 세
상'을 만들어야 한다고 주장합니다. 계속해서 다음과 같은 주장을
펼치는데요. 여러분은 아래와 같은 군인의 주장에 대해 어떻게 생
각하십니까?

> 우리와 함께할 사람은 규칙에 복종해야 합니다. 건강하고 마음씨 좋은
> 여성들이 필요해요. 눈이나 굴리고 앉아 있는 게으른 인간은 필요 없습
> 니다. 몸이 약하거나 머리가 나쁜 인간도 안 됩니다. 삶을 다시 진짜로
> 살아야 하니 쓸모가 없거나 방해가 되고 남에게 해를 끼치는 인간들은
> 차라리 죽는 것이 나아요. 지하 깊숙한 곳에 안전한 장소를 만들고 책
> 들을 거기에다 보관해 둘 겁니다. 소설이나 시집 나부랭이는 필요 없어
> 요. 사상과 과학이 담긴 책들이어야 합니다. (p.143)

**12** '나'는 '문명이 진보함에 따라 도덕성도 발전하는가.'라는 주제로

글을 쓰는 도중 화성인의 침공을 받고 쓰기를 중단했습니다. 이후 화성인의 침공은 실패로 끝났고 사람들은 "최후의 인간이 살아남았다"고 외쳤습니다. 이제 못다 쓴 글을 쓰기 위해 '나'는 책상에 다시 앉았습니다. 이 소설이 나온 지 120여년이 지난 지금은 상상하지 못할 만큼의 놀라운 '과학의 진보'를 우리는 지켜보고 있습니다. 그렇다면, 오늘을 사는 우리가 '나'가 완성하지 못한 글쓰기에 대한 답을 줄 수 있겠습니다. 여러분의 의견을 들려주시길 바랍니다.

'문명이 진보함에 따라 도덕성도 발전하는가.'에 대한 내 생각은······

13 흥미로운 토론이었나요? 소감을 나눠 봅시다.

# 작은 달팽이의 작은 집

> **"**
>
> 욕망은 사람을 성공의 길로 나아가게 하기도 하지만,
>
> 실패의 길로 인도하기도 한다.
>
> ― 존 드라이든 ―
>
> **"**

**『세상에서 가장 큰 집』**
레오 리오니 지음 | 마루벌

인간에게 욕망은 숙명입니다. 인간은 누구나 살아가면서 욕망을 만들고 그것을 현실로 바꾸며 살아가고 있으니까요. 동 · 서양을 막론하고, 철학자들이 '욕망'에 대해 정의 내려 왔던 것도 인간의 삶이 욕망의 연속으로 점철되어 왔기 때문일 것입니다.

> "재산의 수준을 높이기보다는 욕망의 수준을 낮추도록 애쓰는 편이 오히려 낫다."_아리스토텔레스
> "인생의 낙은 과욕에서보다 절욕에서 찾아야 한다. 올바른 마음을 가지고 욕심을 제어하면, 그 속에 절로 낙이 있으며 또한 봉변을 면하게 되리라. 허욕을 버리면 심신이 상쾌해진다.
> _ 예기
> 만약 누군가를 행복하게 해 주고 싶은 생각이 있으면, 그 사람의 소유물을 늘리지 말고, 욕망의 양을 줄여주는 것이다.
> _ 세네카

레오 리오니의 『세상에서 가장 큰 집』은 거침없는 욕망의 허망한 결말을 보여주는 이야기입니다. 이야기는 달팽이 부자의 대화로 시작합니다. 어린 달팽이 한 마리가 달팽이 집은 왜 이렇게 작은지 불만을 갖습니다. 그래서 아버지에게 자신은 세상에서 가장 큰 집을 짓겠노라고 말합니다. 그러자 아버지는 세상에서 가장 큰 집을 지은 어느 달팽이에 대한 이야기를 들려줍니다. 아버지가 들

려준 이야기는 이렇습니다.

"옛날에 아주아주 큰 집을 갖고 싶어 하는 꼬마 달팽이가 있었는데 주위의 걱정과 경고도 무시하고 어떻게 해야 큰 집을 지을 수 있나 부단히 고민하고 노력도 했다. 그러던 어느 날 드디어 집을 크게 짓는 방법을 알아냈다. 몸을 조금씩 비틀며 움직이면 집을 늘릴 수 있는 것이었다. 집은 작고 가벼워야 지고 다니기 쉬우며, 세상에는 작을수록 좋은 것이 있다고 말하는 아빠 달팽이의 충고도 아랑곳 하지 않고, 꼬마 달팽이는 몸을 꿈틀거리고 비틀어 커다란 집을 만들었다. 호박만한 집을 만들고도 만족스럽지 않아 꼬리를 이쪽저쪽으로 틀어서 큰 뿔이 자라나게 하는 방법도 알아내고 있는 힘을 다해 비틀어 짜고 밀어서 아주 화려하고 멋진 무늬도 만들어 냈다. 하지만 어느덧 양배추 잎은 달팽이들이 다 갉아 먹고 질긴 줄기만 남게 되었다. 다른 달팽이들은 싱싱한 다른 양배추로 천천히 옮겨가는데 꼬마 달팽이는 집이 무거워 꼼짝도 할 수가 없었다. 먹을 것도 없이 혼자 남겨진 꼬마 달팽이는 서서히 기운이 없어지다가 마침내 사라지게 되었다."

아빠에게서 꼬마 달팽이의 이야기를 들은 작은 달팽이는 큰 집이 아니라 작은 집을 깃겠노라고, 그래시 세상 이디든 미음대로 디닐 거라고 이야기합니다. 그리고 작은 달팽이는 정말 그렇게 했습니다. 버섯, 풀, 꽃, 조약돌, 이끼.... 이것저것을 보며 온 세상을 여행을 했습니다. 작은 달팽이는 아주 행복했습니다.

꼬마 달팽이는 자신을 보지 못하고 그저 욕망만을 바라보았습니다. 지나치게 큰 집은 파멸을 가지고 올 뿐이라는 충고에도 불구하고 욕망에 눈이 멀고, 귀도 멀어 아무 것도 깨닫지 못했습니다. 매서운 바람이 부는 '폭풍의 언덕'에서 복수심에 사로잡혀 삐뚤어진 욕망에 휘둘린 히스클리프도 꼬마 달팽이와 같이 커다랗지만 허망하게 무너질 집을 짓는 존재였습니다. 아빠의 이야기에 귀 기울인 작은 달팽이처럼 우리 삶을 풍요롭게 하는 것은 커다란 집이 아니라 넓은 세상이라는 것을 알았다면 히스클리프도 행복한 삶을 붙잡을 수 있었을 것입니다.

# 사랑하고 미워하고

> **"**
> 인간의 가장 원초적 욕망은
> 사랑하고 사랑받는 것이다.
> — 더행 —
> **"**

『폭풍의 언덕』

에밀리 브론테 지음 | 공경희 옮김 | 푸른숲주니어

기쁨과 슬픔, 사랑과 증오, 행복과 불행, 복수와 화해 등과 같이 인간은 살아가면서 무수히 많은 감정들을 경험합니다. 이러한 감정들은 참으로 복잡하고도 오묘하기도 한 것이어서 인간은 기쁘면서도 한편으로는 슬프기도 하고, 너무나 사랑하지만 한편으로는 증오심을 키우면서 스스로를 고통으로 옭아매기도 합니다. 인간의 삶이란 행복과 불행이 늘 함께 하는 것인지도 모릅니다. 분명한 것은 인간이 느끼는 무수한 감정들로부터 자유로운 사람은 없다는 것이지요. 사랑하고 욕망하고 미워하고 화해하려는 감정들은 수시로 생겨나고 없어집니다. 1847년에 발표된 에밀리 브론테의 『폭풍의 언덕』 또한 3대에 걸친 사랑과 미움, 복수와 화해의 대서사시입니다.

　영국의 워더링 하이츠란 저택의 주인 언쇼 씨는 외출을 했다가 부모를 잃은 떠돌이 소년 한 명을 집으로 데려옵니다. 언쇼씨는 그 아이에게 히스클리프라는 이름을 지어주고 친아들처럼 보살피는데요. 이를 못마땅하게 여기는 언쇼 씨의 아들 힌들리는 틈만 나면 히스클리프를 몹시 괴롭힙니다. 하지만 언쇼 씨의 딸 캐서린은 히스클리프에게 다가가 자신의 곁을 내어주고 우정을 쌓아갑니다. 히스클리프와 캐서린은 항상 함께 다니며 사랑의 감정을 키우게 되지요. 이들의 사랑은 점점 깊어져 서로에게 없어서는 안 될 존재가 되어가지만 그럴수록 힌들리는 히스클리프를 더욱 심하게 학대합니다. 히스클리프에게는 힌들리에 대한 미움과 증오가 싹트기 시작합니다. 그 무렵 캐서린은 이웃에 있는 린턴가문의 에드거와 가까워집니다. 적극적인 에드거의 구애로 캐서린은 희망 없는 히스클리프에 대한 사랑보다는 명문가와의 결혼이라는 현실적인 조건 사이에서 갈등하다가 결국 에드거와의 결혼을 선택합니다.

캐서린을 잃은 히스클리프는 집을 나가고 이후, 삼 년의 세월이 흐릅니다. 어느 날 갑자기 부자가 되어 돌아온 히스클리프의 마음에는 복수심이 자리 잡고 있었습니다. 자신을 학대하고 멸시했던 힌들리를 도박으로 유인하여 파멸시키고 결국 워더링 하이츠의 주인이 됩니다. 참혹한 복수는 힌들리의 아들 헤어턴, 캐서린의 가족까지 이어집니다. 이제 히스클리프에게 남은 것은 증오과 미움으로 인한 복수만이 있을 뿐입니다.

언쇼 집안과 린턴 집안 사이의 불화는 캐서린이 히스클리프를 버리면서 폭발합니다. 캐서린은 마음 속 깊이 히스클리프를 사랑하지만 주위의 시선과 불확실한 미래에 대한 불안으로 그 사랑을 지킬 자신이 없습니다. 버림받았다고 생각한 히스클리프는 이사벨라와 사랑 없는 결혼을 하게 되고, 그들의 혈육인 린턴의 삶도 불행으로 이끌게 되지요. 평생을 사랑과 증오, 복수를 위해 자신을 소진했던 히스클리프는 쓸쓸한 죽음을 맞이하게 됩니다. 그렇다면 이 모든 불행을 히스클리프의 탓으로만 돌릴 수 있을까요? 어떤 면에서 보면, 히스클리프의 복수는 '사랑받지 못한 자'의 안타까운 절규라고 볼 수 있습니다. 만약 우리 주위에 누구에게도 사랑받지 못하는 사람이 있다면, 단 한 번도 부모, 친구, 연인에게 따스한 애정을 받지 못한다면 그 사람의 마음에는 인간다운 정이 자리 잡을 수 있을까요? 우리는 히스클리프를 통해 사랑하고 사랑받지 못하여 고독한 인간의 전형을 봅니다. 인간은 질투하고, 미워하고 살 수 있지만, 무엇보다 중요한 것은 '사랑 받고, 사랑 할 줄' 아는 것입니다. 그러니 인간에게는 사랑 받을 권리와 똑같이 내 주변의 사람들을 사랑해야 할 의무도 있는 것입니다. 사랑은 인간 스스로를 지키고, 자신과 타인을 파멸로부터 구원할 수 있는 가장 강력한 무기입니다.

"인간의 삶이란 행복과 불행이 늘 함께 하는 것인지도 모릅니다. 분명한 것은 인간이 느끼는 무수한 감정들로부터 자유로운 사람은 없다는 것이지요."_ 본문 중에서

1    내가 만들고 싶은 나의 미래, '나의 큰 집'은 무엇인가요?

2    '큰 집'이 무조건 부정적 의미를 갖는 것은 아닙니다. 큰 꿈은 나를 성장시키니까요. 그리고 큰 일을 감당하는 사람들은 우리가 사는 공동체를 성장시키니까요. 그렇다면 나는 어떻게 살고 싶은가요? (무엇을 하고 싶은지를 묻는 질문이 아니랍니다.)

3    『세상에서 가장 큰 집』의 꼬마 달팽이는 큰 집을 짓겠다는 욕심을 지나치게 부리다가 모든 것을 잃고 맙니다. '過猶不及(과유불급)' 지나친 것은 모자란 것만 못하다는 이 말의 뜻은 무엇일까요? 사례를 들어 설명해보세요.

4    『폭풍의 언덕』에는 사촌끼리 결혼을 합니다. 이는 19세기 당시 영국의 결혼에서 행해졌던 풍습이었습니다. 혈연관계에 있는 사람들끼리 결혼하는 것을 족내혼이라고 하는데요. 그렇다면 귀족 등과 같은 지배 계급에게서 족내혼이 성행했던 이유는 무엇일까요?

5   1847년에 발표된 에밀리 브론테의 『폭풍의 언덕』은 사랑과 미움, 복수와 화해의 대서사시입니다. 여러분은 이 책을 어떻게 읽으셨나요? 소감을 나누어 봅시다.

6   『폭풍의 언덕』은 인간이 느끼는 복잡하고 오묘한 감정을 섬세한 필치로 보여줍니다. 그것은 너무나도 사랑하지만 한편으로는 증오하는 마음이 싹트고, 행복하지만 한편으로는 불행을 느끼고, 복수의 통쾌함을 느끼지만 한편으로는 상대와 화해하고 싶은 마음입니다. 이러한 양가적인 감정을 두고 잘 못됐다고 판단할 수는 없습니다. 인간이라면 누구나 느끼는 감정이기 때문입니다. 그렇다면 여러분은 이렇게 두 가지의 감정을 동시에 가져 본 적이 있나요? 이야기를 나눠 봅시다.

7   히스클리프는 증오와 복수심으로 평생을 살아갑니다. 자신을 학대했던 힌들리를 도박으로 유인해 파멸시키고, 힌들리의 아들 헤어턴을 하인처럼 함부로 대합니다. 사랑했던 여인 캐서린의 남편 에드거의 재산을 몰수하고, 에드거의 여동생 이사벨라와 사랑 없는 결혼으로 그녀에게 증오심을 품게 합니다. 또한 이사벨라와의 사

이에서 낳은 자신의 아들 린턴 또한 복수를 위한 도구로 이용합니다. 아버지로부터 사랑을 받지 못한 린턴은 쓸쓸하게 살다 죽음을 맞습니다. 한 세기에 걸쳐서 이루어진 증오와 복수의 서사에서 히스클리프 삶 또한 행복했다고 볼 수 없을 텐데요. 그렇다면 히스클리프가 살면서 가장 고통스러워했던 부분은 무엇일까요? 이유와 함께 말해 봅시다.

8    캐서린은 마음 속 깊이 히스클리프를 사랑하지만 현실적인 이유로 이름 있는 가문의 에드거와 결혼을 합니다. 여러분은 이와 같은 캐서린의 선택에 대해 어떻게 생각하십니까?

"지금 히스클리프와 결혼한다면 내 품위가 떨어질 테지. 그래서 내가 히스클리프를 얼마나 사랑하고 있는지 그에게 알릴 수 없는 거야. 그의 영혼은 나 자신과 똑같은 데도 말야." (p.69)

"에드거가 청혼을 했어. 그는 아주 잘 생긴 데다 같이 있으면 유쾌해. 그리고 재산을 많이 물려받게 될 테니까, 머지않아 난 이 지역에서 가장 멋진 여자가 되겠지. 그이가 살고 있는 땅과 하늘, 표정, 행동……, 아니 그이의 전부를 사랑해"

"에드거가 언제까지나 젊을 수는 없어요. 재산을 잃을 수도 있고요." (p.68)

9 히스클리프는 복수를 위해 발버둥치다가 쓸쓸하게 죽음을 맞이
합니다. 그렇다면 다음의 상황이라면 히스클리프의 인생은 어떻
게 되었을까요? 상상해 봅시다.

9-1 힌들리가 히스클리프를 학대하지 않았더라면?

9-2 캐서린이 히스클리프와의 결혼을 선택했더라면?

10 1847년에 쓰여 진 『폭풍의 언덕』이 현대를 살아가는 우리에게
전하는 바는 무엇일까요?

# 아름다운 용서

> **❝**
>
> 노하기를 더디 하는 것이 사람의 슬기요.
> 허물을 용서하는 것이 자기의 영광이니라.
>
> — 잠언 19:11 —
>
> **❞**

**『깃털 하나』**
조성자 지음 ┃ 시공주니어

앞의 발문은 성경에서 '지혜의 왕'으로 불린 이스라엘의 왕 솔로몬의 『잠언』에서 나온 말입니다. 인간은 자신에게 해를 끼친 사람에게 분노하고 적개심을 드러냅니다. 자기에게 난 생채기가 너무 아파 상대방을 이해하고 용서하는 일은 쉽지 않습니다. 그런데 화내지도 말고, 용서하라니요. 솔로몬의 말이 상처받은 사람에게는 좀 잔인하게 느껴지기도 합니다.

『깃털 하나』는 살면서 가장 어려운 일 중의 하나인 용서에 대해 이야기를 하고 있습니다. 용서가 낳은 사랑이 얼마나 따뜻한 것인지도 말해주고 있습니다. 어느 날 산비둘기 한 마리가 길에 앉아 모이를 쪼아 먹고 있었습니다. 까치는 이를 보고 텃세를 부리며 달려들었지요. 산비둘기는 모이를 조금만 먹겠다고 했지만 까치는 소리를 지르며 산비둘기의 머리를 부리로 쪼아 댑니다. 어쩔 수 없이 비틀거리며 도망치던 산비둘기는 깃털 하나를 떨어뜨립니다.

바닥에 떨어진 깃털을 보고 지나가던 동물들은 한 마디씩 투덜거리기 시작했습니다. 토끼는 햇빛에 반짝거리기에 예쁜 것인 줄 알았는데 쓸모없는 깃털이라고 투덜거리고, 다람쥐는 가지고 놀 수 있는 건 줄 알았는데 쓸모없는 깃털이라고 꾹 누르고 가버립니다. 오소리는 배가 고픈데 먹을 수 없는 거라면서 아쉬워하고, 깃털 속 벼룩마저 더 이상 깃털에게 얻을 것이 없다고 떠나 버립니다. 깃털은 쓸모없는 자신의 존재를 비관하고 부끄러워합니다. 하지만 권정

생의 '강아지 똥'에게 '민들레'의 충고가 있었듯이 '깃털'에게도 마음 따뜻한 친구가 등장합니다. '바람'입니다. 바람은 이 세상에 필요하지 않은 것은 하나도 없으며 풀 한 포기도 그냥 태어나지 않는다고 말합니다. 깃털은 이 말에 힘을 얻고 자신도 쓸모 있는 존재가 될 수 있기를 간절히 기도합니다.

자신을 소중히 여기는 마음이 있을 때, 자신을 존중하는 마음이 있을 때는 타인의 평가나 타인의 공격에 좀 더 초연할 수 있습니다. 발끈 화를 내며 방어하는 자세를 갖지 않지요. 열등감은 종종 분노를 만들어내는 기폭제가 되기도 합니다.


깃털이 기도하며 마음을 다스리고 있을 즈음, 자신을 괴롭혔던 까치 부부가 나타납니다. 깃털을 물어 올려 새끼의 이불로 쓰려 합니다. 깃털은 산비둘기에게서 자신을 떨어져나가게 한 까치가 미웠습니다. 까치의 마음대로 무언가가 되고 싶진 않았습니다. 하지만 '쓸모 있는 존재'가 되고 싶어 했던 자신의 기도를 떠올렸습니다. 그리고 이내 까치 부부 새끼의 따뜻한 이불이 되기로 결심합니다.

용서는 놀라운 힘을 가지고 있습니다. 용서는 더 큰 용서를 낳습니다. 손양원 목사님의 용서는 자신의 아들들을 죽인 자들을 양아들로 삼는 놀라운 사랑을 만들어 냈고, 미리엘 신부의 '용서'는 장발장을 새 사람으로 만들고, 자신을 평생 쫓아다니던 자베르 경감까지 용서하게 했습니다. 그리고 깃털의 '용서'는 따뜻한, 아주 따뜻한, 아직은 약하기 그지없는 까치 새끼를 보호해줄 사랑스런 이불로 거듭나는 아름다운 용서가 되었습니다.

# 지상에 무지와 빈곤이 존재하는 한

> **"**
>
> 실재하는 개인들을 이해할 수 없다면,
>
> 보편적이며 일반적인 것들도 이해할 수 없다.
>
> ― 안토니오 그람시 ―
>
> **"**

『레미제라블』

빅토르 위고 지음 | 염명순 옮김 | 비룡소

빅토르 위고의 『레미제라블』은 19세기 초반의 프랑스 사회에서 소외되고 굶주린 사람들의 처절한 삶을 보여줍니다. '레미제라블' 은 우리말로 '불쌍한 사람들'이라는 뜻인데요. 실제로 당시 프랑스 파리에서는 전체인구의 70%가 빈민이었다고 합니다. 빅토르 위고 는 바로 가난하고 헐벗은 사람들이 소외받는 사회의 비정함을 꼬집고, 부조리한 사회구조를 적나라하게 드러냅니다. 그리고 그 속에서 피어나는 진정한 인간애가 무엇인지를 들려줍니다.

장발장은 배를 곯고 있는 조카를 위해 빵 한 덩이를 훔친 죄로 감옥살이를 하게 됩니다. 거듭되는 탈옥의 실패로 19년 동안 꼼짝 없이 감옥에서 지내야하는 가엾은 신세입니다. 그렇다고 장발장이 빵 한 개를 사지 못할 만큼 일을 하기 싫어하거나, 게으른 것은 아닙니다. 장발장은 눈만 뜨면 닥치는 대로 일을 하는 성실한 사람입니다. 하지만 추운겨울에 일거리가 떨어지면 굶어야 합니다. 장발장은 아무리 열심히 일해도 끼니를 때우지 못하고, 살기 위해서는 도둑질을 할 수 밖에 없는 처지에 놓인 자신의 억울함을 호소합니다. 또한 '자신의 죄에 비해 가해지는 벌이 너무 가혹한 것은 아닌가.'라고 항변합니다. 이는 사회에서 소외 받는 하층민에 대한 사람들의 시선을 되돌아보게 합니다. 흔히 사람들은 "가난한 사람들은 공부를 열심히 안 해서 좋은 직업을 갖지 못하는 것이며, 그래서 돈을 못 벌어 가난한 거야."와 같이 쉽게 말하곤 합니다. 하지만 장발장에게도 이와 같은 판단을 내릴 수 있을까요? 빅토르 위고는 "죄인은 죄를 범한 자가 아니라, 그늘을 만든 자다"라고 사회를 향한 일침을 가합니다. 물론 '범죄'를 옹호하는 것은 아닙니다. 하지만 '당신의 가난은 당신의 게으름 때문이니, 받아들이고 사세요.'와 같은 태도는 사회적 약자에게 가하는 가혹한 형벌일 수 있습니다. 사회가 정해 놓은 법을 따르지 않았다는 이유로, 애당초 그들을 소외시키고 외면하려는 것은 아닐까요?

장발장 또한 범죄자이기 때문에 사람들에게 외면 받고 냉대를 당합니다. 감옥에서 나와 떠돌아다니지만, 먹을 음식도, 몸을 쉴 곳도 구하지 못합니다. 사람들은 장발장이 노란 딱지를 지닌 죄수라는 이유로 그를 멀리합니다. 하지만 오갈 데 없는 장발장을 구해준 구세주가 나타납니다. 미리엘 신부는 따뜻한 음식과 잠자리를 베푸는 것도 모자라, 장발장이 은그릇을 훔쳐서 달아나 경찰에게 잡혀오자 "그 은그릇은 장발장에게 제가 한 선물입니다."라는 말로 위기에서 그를 구해줍니다. 미리엘의 자비와 친절에 장발장은 크게 감동을 하고 새로운 인간으로 거듭나게 됩니다. 이제 장발장은 물건이나 훔치고 다니는 도둑이 아닙니다. 외롭고 헐벗은 사람에게 아무 대가 없이 기꺼이 손을 내밀어 그들을 악의 구렁텅이에서 구해내는 수호신이 되었습니다. 범죄자 장발장을 구해 낸 깃은 가혹한 법적 처벌이 아니라, 미리엘이 베푼 용서와 사랑이었던 것입니다.

하지만, 장발장은 아무리 선한 일을 많이 해도 그것과 상관없이 자신은 과거를 숨기고 살아가는 죄수라는 양심의 가책으로 괴로워합니다. 당장이라도 경찰에 가서 자수를 하고 싶지만, 그렇게 하지 못하는 이유는 사랑하는 딸 코제트 때문입니다. 한 번도 사랑을 해본 적이 없는 장발장은 코제트를 통해 사랑의 소중함을 깨닫게 됩니다. 코제트의 행복을 지키기 위해 장발장은 끈질기게 자신의 뒤를 쫓는 자베르 경감의 눈을 피해 다닙니다. 하지만 장발장은 시민들의 봉기가 일어나자 위기에 몰린 자베르 경감의 목숨을 구해줍니다. 자신을 평생토록 괴롭혔던 자베르 경감이지만, 장발장의 눈에는 구해야할 인간일 뿐입니다. 이러한 장발장의 진심어린 인간애에 감복한 자베르는 충격에 빠집니다. 자베르는 "죄수는 정해진 법에 따라 처벌을 받아야 한다. 장발장은 죄수다. 그러니 장발장이 아무리 선한 행동을 많이 한다고 하더라도 그가 지은 죄 값은 치러야 한다."라는 한 치도 흐트러지지 않는 신념을 지키고 사는 인물입니다. 하지만 그러한 견고한 논리는 장발장의 자비 앞에 무릎을 꿇습니다. 결국 자신의 신념대로 살지 못했다고 느낀 자베르 경감은 다리에서 몸을 던집니다. 흔들리지 않는 신념이 그를 죽음으로 몰고 간 것입니다.

이렇듯,『레미제라블』은 우리 시대에 소중한 '가치'들을 다시 재고해 보라고 말합니다. 내 주변의 사람들에게 관심어린 눈길로 다정하게 손을 내밀었는지, 사회가 정해놓은 규칙들을 방패삼아 다른 사람들을 차별하지는 않았는지, 내가 믿고 있는 신념들이 누군가에게 정당한 것인지를 말입니다. 더 나아가 "인간은 정신의 자유를 동력으로 고뇌를 수단으로 하여 정화되어간다."라고 강조합니다. 그러면 장발장 같은 성인은 되지 못하더라도 타인의 고통에 공감할 수 있는 조금 나은 인간이 되지 않을까요. 그렇게 인간은 정화되어 가고 세상은 조금씩 밝아질 것입니다.

"내가 도형수였노라고 밝히는 이유는 정직하기 위해서요. 나는 거짓말할 수 있었소. 그건 사실이오. 당신들 모두를 속이고 포슐르방 씨로 지낼 수 있었소. 코제트를 위해서라면 거짓말할 수 있소. 하지만 이제 나를 위해선 거짓말해선 안 되오. 그걸 꼭 밝혀야 할 사정이 있었느냐고 자네가 물었지? 이상한 게 하나 있다오. 그건 양심이오. 나는 삶에서 밀려난 사람이오. 예전엔 살기 위해 빵 하나를 훔쳤소. 그런데 오늘은 살기 위해 이름 하나를 훔치고 싶진 않소."_ p.508

1   『깃털하나』에서 떨어진 깃털을 보며 비난과 비판을 쏟아놓은 동
    물들의 모습을 보며 인간의 어떤 점과 닮았다고 생각하나요? 예
    를 들어 설명해보세요.

2   자신이 괴롭힌 산비둘기의 깃털로 새끼의 이불을 삼은 까치 부
    부를 보며 우리는 '견리사의(見利思義)'의 지혜에 대해 생각하게
    됩니다. '견리사의'의 뜻과 그에 담긴 교훈을 설명해 보세요.

3   깃털의 용서를 보며 '용서'가 갖는 힘에 대해 사례를 들어 설명하고
    우리 사회에 '용서'가 있어야 할 곳은 어디인지 이야기해 보세요.

4   '레미제라블'은 불쌍한 사람들이라는 뜻입니다. 빅토르 위고는『레
    미제라블』을 통해 사회에서 소외받는 가난한 사람들의 처절한 삶
    을 보여줍니다. 빵 한 덩이를 훔친 죄로 19년 동안 감옥살이를 한
    장발장이 미리엘 신부의 구원으로 자비를 배우고, 그 깨달음으로
    세상의 굶주리고 헐벗은 사람들을 구원하는 진정한 인간애를 말합
    니다. 이 책은 19세기 프랑스 역사와 사회의 비정함을 적나라하게
    드러내는데요. 이 책을 읽은 소감을 나누어 봅시다.

5   당시 프랑스 파리는 가난한 사람들로 넘쳐났습니다. 닥치는 대로
    일해도 끼니조차 제때 때울 수 없자 장발장은 어린 조카들을 먹
    이기 위해 빵 한 덩어리를 훔쳐서 결국 19년 동안 감옥살이를 하
    게 됩니다. 장발장은 아무리 열심히 일을 해도 먹고 살기 힘들어
    서 도둑질을 할 수 밖에 없는 이 사회에 대해 다음과 같이 목소

리를 높입니다. 여러분은 다음과 같은 장발장의 주장에 대해 어떻게 생각하십니까?

> 이 비참한 사건의 잘못이 오직 나에게만 있는 걸까? 그렇다면 일꾼인 내게 일감이 떨어지고, 부지런한 내게 빵이 떨어진 것은 심각한 사건이 아닐까? 이내 자신의 잘못을 인정했건만, 벌이 너무 가혹하고 지나친 것은 아닐까? 잇따른 탈주로 가중된 형벌은 가장 힘센 자가 가장 약한 자에게 가하는 일종의 폭력이 아닐까? 이것이야말로 사회가 개인에게 저지르는 범죄이자, 언제나 되풀이 되는 범죄이자, 19년간 계속된 범죄가 아닐까? (p.30)

5-1  장발장의 가난은 장발장 자신과 사회구조 중 어느 쪽에 더 큰 책임이 있다고 보십니까?

<br>
<br>

5-2  빅토르 위고는 가난으로 절망에 빠진 사람들에게는 그들을 계도할 수 있는 교육이 필요하다고 말합니다. 그렇다면 여러분은, 교육 이외에 가난으로 범죄를 저지르는 사람들에게 진정으로 필요한 것은 무엇이라고 생각하십니까?

> 무식한 자들에게는 가급적 여러 가지 것을 가르쳐 주어야한다. 무상교육을 하지 않는 것은 사회의 죄다. 사회는 스스로 만들어 낸 암흑에 책임을 져야 한다. 마음속에 그늘이 가득 차 있으면 거기에서 죄가 범해진다. 죄인은 죄를 범한 자가 아니라, 그늘을 만든 자다.(레미제라블 1권, 민음사, p.31)

6 사람들은 감옥에서 나온 장발장을 멀리합니다. 사람들의 냉대 속에서 잠 잘 곳도, 쉴 곳도, 음식도 얻지 못한 장발장에게 친절을 베푼 사람은 미리엘 신부입니다. 하지만 장발장은 유혹을 뿌리치지 못하고 은그릇을 훔쳐서 달아납니다. 경찰에게 잡혀서 되돌아온 장발장에게 미리엘 주교는 남은 은그릇도 가져가라고 합니다. 장발장은 미리엘 주교의 사랑과 배려에 큰 감동을 받고 조금씩 변화하기 시작합니다. 그렇다면, 미리엘 신부가 도둑질을 한 장발장에게 자비를 베푼 이유는 무엇일까요?

> 주교가 장발장에게 다가가 나직하게 말했다.
> "잊으시면 안 됩니다. 정직한 사람이 되기 위해 그 돈을 쓰겠다고 약속하신 걸 절대로 잊으시면 안 됩니다." (p.38)

7 이 책에는 여러 형태의 '사랑'이 등장합니다. 미리엘 신부가 장발장에게 베푼 사랑, 장발장이 고아 코제트를 구한 사랑, 손자 마리우스를 향한 질노르망 할아버지의 사랑, 연인 마리우스와 코제트의 사랑이 그것입니다. 이들의 사랑의 모습을 통해 우리가 느낄 수 있는 '사랑'의 위대함은 무엇인지 생각을 나눠 봅시다.

> 당신이 그 고통스러운 곳에서 인간에 대한 증오와 분노의 생각을 가지고 나온다면, 당신은 가엾은 사람이오. 반면 거기서 호의와 온정과 화합의 생각을 가지고 나온다면 당신은, 우리들 중 누구보다도 훌륭한 사람이오. (레미제라블1권, 민음사, p.145)

8 이 책에는 "사람은 자기가 만든 철학 위에 누워 있게 마련이다."

(『레미제라블』1권, 민음사, p.57)라는 말이 나옵니다. 평생 장발장이라는 범죄자를 잡기 위해 그의 뒤를 쫓는 자베르 경감은 "국가의 모든 관직에 몸담은 자들을 맹목적이라 할 만치 굳게 믿었지만 반면에, 죄를 지어 법으로 정한 선을 한번이라도 넘은 이들에게 그는 갖은 멸시와 반감, 혐오감을 드러냈습니다."(p.79) 법 앞에서 그는 단호했으며, 예외를 인정하지 않았습니다. 하지만 장발장이 자베르의 목숨을 구해주자 정신적 혼란을 겪습니다. "사적인 동기로 의무를, 자신의 공무를 져버렸다."고 생각하며 괴로워하는데요. 그렇다면 자베르가 만든 신념은 무엇이었을까요?

> 자베르의 마음은 장발장이라는 묵직한 짐에 짓눌렸다. 자비를 베푸는 악당, 온정이 넘치고, 온화하고, 남을 돕고, 너그럽고, 악을 선으로 갚고, 증오를 용서로 돌려주고, 복수보다 연민을 좋아하고, 해코지한 자를 구해 주고, 미덕 위에 무릎 꿇은, 인간보다는 천사에 가까운 죄수. 자베르는 이런 괴물이 존재한다는 사실을 인정할 수밖에 없었다. (p.483)

8-1　삶에서 만들고 싶은 '자신만의 철학'은 무엇인가요?

9　책의 마지막 부분에서 장발장이 자베르의 목숨을 구해주었듯이 자베르 또한 장발장을 체포하지 않습니다. 하지만 자신이 비겁하다고

생각한 자베르는 양심에 충실하기 위해 결국 '자살'을 선택합니다. 자베르의 선택, 여러분은 어떻게 생각하십니까?

> 자베르가 지향한 것은 인정 있는 인간이나 위대한 인간, 아니면 탁월한 인간이 되는 게 아니었다. 흠잡을 데 없는 인간이 되는 것이었다. 그런데 방금 흠될 짓을 저질렀다. 자베르의 마음속에서 일어난 일은 올곧은 양심의 탈선이었다. 즉 영혼이 길을 벗어난 것이며, 곧이곧대로 맹렬하게 똑바로만 내달리다가 으스러진 것이며, 영원히 박살나 버린 것이었다. 질서의 운전사가, 권력의 기관사가 한순간 강렬한 빛으로 말미암아 탈선하다니 얼마나 어처구니없는 일인가! (p.483)

**10** 이 책은 19세기 프랑스 사회를 비추고 있습니다. 가난하고 헐벗은 사람들이 소외 되고, 부조리가 판을 치고, 자유가 유린되는 사회를 변화시키기 위한 혁명이 일어납니다. 파리 시민들은 무장을 갖추어 구체제의 상징이었던 바스티유 감옥을 습격하기에 이릅니다. 결국 왕은 처형당하고 귀족들은 봉건적 특권을 폐지하고 의회와 헌법 제정을 인정하는데요. 하지만 혁명의 과정에서 엄청난 수의 사람들이 목숨을 잃습니다. 여러분은 어느 사회나 살기 좋은 세상을 만들기 위해서라면 어느 정도의 희생을 치르는 '혁명'이 필요하다고 보십니까? 의견을 나누어 봅시다.

> 운명과 인간의 오류가 이루어지게 내버려 두는 것은, 그것을 막지 않는 것은, 침묵을 지킴으로써 그것에 찬동하는 것은, 요컨대 아무것도 하지 않는 것은, 그것은 무엇이고 다 하는 것이다. 그것은 위선적인 비굴의 최후 단계! 그것은 비열하고, 엉큼하고, 야비하고, 추악한 죄다. (빅토르 위고)

11    장발장은 자신의 과오에 대해서는 말하지만, 자신이 베푼 선행에 대해서는 침묵을 지킵니다. 장발장은 굳이 그럴 필요가 없었는데도 "자신의 갤리선의 도형수로 범죄를 저지른 사람"이었다는 사실을 마리우스에게 고백합니다. 하지만 자신이 마리우스의 목숨을 구해준 사실은 숨깁니다. 장발장이 자신이 한 일에 대해서 이렇게 한 이유는 무엇일까요?

장발장이 자신의 범죄사실을 고백한 이유는.......

장발장이 선행을 베푼 사실을 숨긴 이유는........

12    빅토르 위고는 작가의 말에서 "무릇 참다운 작가는 자기 자신의 기질이나 영원한 진리에서 오는 사상과는 별도로 당대의 사상을 포괄하고 있지 않으면 안 된다."라고 강조합니다. 부조리한 현실을 변화시키고, 자유를 지키기 위해 연대하고 공부하라고 하는데요. 지금 우리 시대, 『레미제라블』을 읽어야 하는 이유를 찾는다면 무엇일까요?

도서출판 이비컴의 실용서 브랜드 **이비락**👁은 더불어 사는 삶에 긍정적인 변화를
가져다 줄 유익한 책을 만들기 위해 끊임없이 노력합니다.

원고 및 기획안 문의 : bookbee@naver.com